精益求精

教学技能的提升

JINGYIQIUJING
JIAOXUEJINENGDE
TISHENG

周　慧／主编

图书在版编目(CIP)数据

精益求精：教学技能的提升/周慧主编. —北京：北京师范大学出版社，2016.8(2024.2重印)

(青年教师专业发展丛书)

ISBN 978-7-303-20910-1

Ⅰ. ①精… Ⅱ. ①周… Ⅲ. ①教学法－研究 Ⅳ. ①G424

中国版本图书馆 CIP 数据核字(2016)第 158098 号

图 书 意 见 反 馈　　**gaozhifk@ bnupg. com**　010-58805079
营 销 中 心 电 话　　010-58802755　58800035
北师大出版社教师教育分社微信公众号　　**京师教师教育**

出版发行：北京师范大学出版社　www.bnupg.com

　　　　　北京市西城区新街口外大街 12-3 号

　　　　　邮政编码：100088

印　　刷：唐山玺诚印务有限公司

经　　销：全国新华书店

开　　本：787 mm×1092 mm　1/16

印　　张：13.25

字　　数：196 千字

版　　次：2016 年 8 月第 1 版

印　　次：2024 年 2 月第 3 次印刷

定　　价：32.00 元

策划编辑：路　娜　　　　责任编辑：齐　琳　刘卫珍
美术编辑：焦　丽　　　　装帧设计：焦　丽
责任校对：陈　民　　　　责任印制：陈　涛

目 录

CONTENTS

第一章　导入的技能

【故事情境】

　　一位教师在教授《爱莲说》这篇文章时，说了以下一段话："同学们，咱们今天来欣赏一幅画。（教师给学生展示荷花的图画）多美的莲花呀！清新脱俗！自古以来，它就是文人墨客笔下的爱物。请搜索你记忆中与莲花有关的名句。"学生们纷纷回应教师的提问，说出了"小荷才露尖尖角，早有蜻蜓立上头""清水出芙蓉，天然去雕饰""留得残荷听雨声"等诗句。教师继续说："同学们平时看的书很多，朗诵得也很好。这些诗句都从不同的角度描绘了莲花，赞美了莲花，令人陶醉，令人难忘。为什么文人都对莲花如此钟情呢？仅仅是因为它的美丽吗？宋朝的周敦颐有着自己的另一番思考呢。就让我们共同来学习他的《爱莲说》，在那里去寻找一些答案吧。"①

【我的思考】

　　结合《爱莲说》，你认为课堂教学需要导入吗？课堂导入有哪些特点？课堂导入有哪些类型？在课堂教学中，我们应该如何进行课堂导入？

---

　　① 李怡霞．浅谈中学语文课堂导入的艺术[J]．中小学电教，2010(8)：139.

第一节 导入技能的概述

现代教育家叶圣陶曾经说过："文章开头，犹如一幕戏剧开幕的一刹那的情景，选择得恰当，足以奠定全幕的情调，笼罩全幕的气氛，使大家立刻把纷乱的杂念放下，专心致志看那下文的发展。"①课堂导入环节作为整个课堂的前奏，是整个教学过程中至关重要的一环。引人入胜的课堂导入，既能吸引学生的注意力，又能激发学生的学习兴趣，从而为整堂课的成功奠定良好的基础。因而，加深对课堂导入技能的了解，对教师顺利开展教学工作大有裨益。

一、导入的内涵和意义

(一)导入的内涵

对于课堂导入的概念，目前还没有明确的权威性定论。王相文、王松泉主编的《语文课程教学技能》中提到："新课导入，也叫课堂导语、导言或开讲，是教师在讲授新课之前有目的、有计划，并用一定的方法所设计的语言简练、生动、精要的活动的总称。"于海义在《巧设导入 激趣引思——浅谈小学语文课堂教学中的导入技能》一文中谈道："导入技能是指教师采用各种教学媒体和运用各种教学手段来唤起学生的注意力，激发学生学习的欲望和兴致，引导学生进入预定的教学程序和轨道中。"②李宝峰在《教学技能理论与实践》一书中曾提到："课堂导入是教师在新的教学内容和教学活动开始时，

> 导入技能的本质是什么？

> 导入技能是否只能用在课堂的开始？

---

① 鲁军. 浅谈中学语文课堂教学的导入设计[J]. 中小学教学研究，2007(7)：16.
② 于海义. 巧设导入 激趣引思——浅谈小学语文课堂教学中的导入技能[J]. 中小学教学研究，2014(z1)：48～49.

通过简短的言语或行为，引导学生迅速进入学习状态的教学行为方式。"①

综上所述，课堂教学的导入，是指教师在一个新的教学内容或活动开始时，运用各种教学手段，激发学生的兴趣，启迪学生的思维，并使学生主动学习新知的一种教学行为方式。

(二)导入的意义

1. 激发兴趣

瑞士著名心理学家皮亚杰说："教师不应企图将知识硬塞给学生，而应该找出能引起学生兴趣、刺激学生的材料，然后让学生自己去解决问

> 导入对教师的课堂教学具有何种意义？

题。"②的确，"兴趣是最好的老师"，是驱使学生学习的原动力；是促使学生获取知识的基础，学生学习效果的好坏在一定程度上取决于学生学习兴趣的高低。教师在一节课的开始或学习新的内容之前，若能使课堂的导入新颖别致，富有吸引力，则能引发学生的学习动机和兴趣，激发其参与热情，提高其学习兴趣。精彩的课堂导入能促使学生进入一种有趣的学习状态中，并让新的学习内容成为学生"兴奋"的中心，使学生产生浓厚的兴趣，形成接受新知识的强烈愿望。

2. 引起注意

注意是打开人们心灵的唯一门户，意识里的一切都必然要通过它。学生在学习时，如果能够将自己的注意力全部倾注在学习上，则能高效地完成学习任务。然而，在真实的课堂教学环境中，教师往往会发现学生很难在教学开始之前安定好自己的学习情绪，并将注意力集中在与学习相关的事情上。这主要是因为学生在课间或嬉戏打闹，或埋首作业，等到教师走进课堂准备上课时，他们还未能实现注意力的转换。因而教师需要在教学开始时，设置一个缓冲过渡阶段，以使学生将注意力从课前转移到课堂上，而课堂导入则刚好发挥了此类作用。课堂导入可以使学生将注意力投射于

---

① 李宝峰．教学技能理论与实践[M]．北京：华文出版社，2008：53.
② 王霞．导入，成就高效课堂的前奏曲[J]．新课程研究，2010(12)：102～103.

教师所设置的任务和活动上，从而让学生对学习活动有深刻具体的理解。教师精心设计的课堂导入可以给学生较强的、新颖的刺激，促使其尽快地收敛课前各种分散的思绪，并将注意力转移到课程的学习上来，最终为学习新课做好心理准备。

3. 建立联系

古人云："温故而知新。"学生已有的知识储备是学习新知识的基础和起点。在教学过程中，教师应该注意在学生已有的知识基础上引出将要学习的新内容，并在新旧知识之间建立起实质性和非人为的联系，从而使学生能够顺利地将新知识纳入自己的知识结构中。导入作为课与课之间的"桥梁和纽带"，具有承上启下的作用。它既是先前教学的自然延伸，也是本节课教学的开始。教师在开始课堂教学时，应该引导学生在已有的知识基础上，巧妙地采用各种有效手段，引导学生将所要学习的知识系统地连接起来，形成一个有机的整体，从而减少或抑制学生认识与思维的断层，降低学生学习和掌握新知识的难度，进而为教学活动的顺利开展奠定基础。

4. 揭示课题

课堂导入引起学生的注意、激发学习兴趣并产生认识需要是必需的，更重要的是课堂导入的目的首先是为学生指明学习目标，因此，无论采用何种导入方式，都应使设置的问题情境指向本节教学的核心——教学目标。通过课堂导入活动，应使学生明确将要解决什么问题，学习后能做什么。教学目标是教学活动所需达到的预期结果和标准。通过导入，教师把教学目标转化为学生的学习目标。学生知道了学习目标就能明确学习的方向，自觉地用目标来规范自己的行为，主动地接近目标。

5. 沟通情感

我国教育名著《学记》中曾记载："亲其师，信其道。"学生只有和教师亲近了，才会信任教师，只有相信教师所说的话，才会接受教师的教育。由此可见，良好的师生关系对顺利开展课堂教学的重要性。而课堂导入是师生之间建立联系、沟通情感的至关重要的桥梁。成功的课堂导入往往寥寥数语就能拨动学生的心弦，引起共鸣，赢得学生的信赖和认可，这样既达到和谐师生关系的目的，同时也为教与学的有效配合奠定成功的基础。此外课堂导入还可以对学生进行多方面的关怀、鼓励、启发和诱导，尽可能多地让学生感受到教师对他们的信任和鼓励，感受到师生平等的欢乐和愉悦的心境。课堂导入通过师生间的亲密互动来缩短学生与教师的心理距离，让课堂教学在学生、教师、情境诸因素的互动过程中开展，从而促使学生的认知情感达到最佳状态，使学生获得主动发展。

6. 创设情境

情境认知理论认为，思维和学习只有在特定的情境中才有意义。所以思维、学习和认知都是处在特定的情境中的，不存在非情境化的学习。[①]

> 导入技能的运用对学生学习有何帮助？

此外，著名心理学家皮亚杰也曾提及："只有要求儿童作用于环境，其认识才能顺利进行。只有当儿童对环境中的刺激物进行同化和顺应时，其认识结构的发展，才能得到保障。"学生的学习都是在一定的情境中进行的，研究表明，知识与认知技能的获取均高度地依赖于获得它们的情境，迁移也是更多地由学生当前所处的情境引起，而不是由学生自发完成的，人类所有的学习都离不开特定的情境，这些情境以一种强有力的方式影响着学习及其迁移。教学情境通过综合使用多种教学手段，营造一种学习氛围，从而使学生产生强烈的求知欲。引入新课时，创设有效的又不失趣味性的教学情境不仅有助于促进学生的情感活动，还有助于发展学生的创新意识和实践能力，有助于学生对知识的理解和记忆。因此，新课开始时教师要千方百计地创设情境，酝酿气氛，让学生触景生情，诱发出某种情感。

二、导入的原则与特点

(一)导入的原则

课堂导入环节尽管在一节课中只有短短的几分钟，但对整节课是否成功，对激发学生的求知欲，促进学生主动学习具有不可替代的作用。一般

---

① 黄梅，李远容，宋乃庆．化学教学策略论[M]．北京：科学出版社，2013：95.

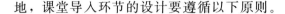

地，课堂导入环节的设计要遵循以下原则。

1. 目的性原则

课堂导入作为一种教学手段，要有明确的目的。教师无论采用何种导入方式都应保证设置的问题情境一定要根据既定的教学目标而设计。不要将与教学目标无关的内容强行加入课堂导入中，不要使导入语游离于教学内容之外，更不要为了导入而导入。一般情况下，导入的目的依据的都是课堂教学目标，是教师根据教学要求制定的具有实效性的教学预期目标和结果，是整个学习目标体系中的组成部分，也是具体到每堂课的层级目标。教师在设计课堂导入环节之前应该考虑教学内容的整体，并对整堂课的开展有清晰的了解，明确这堂课的目的和作用，最终围绕这个目的设计导入环节。通过课堂导入的设计，让学生初步明确整堂课的教学目标，明确学习的内容、学习的缘故以及学习的方式等。

2. 启发性原则

"启发"一词，源于古代教育家孔子的"不愤不启，不悱不发"。后来南宋学者朱熹又解释道："愤者，心求通而未得之意。悱者，口欲言而未能之貌。启，谓开其意。发，谓达其辞。"其大意为教学前务必让学生认真思考，已经思考相当长时间但还想不通，然后可以启发他；虽经思考并已有所领会，但未能以适当的言辞表达出来，此时可以开导他。启发式教学本身就是高超教学艺术的体现，在现代课堂教学过程中，启发性原则也在继续发挥着作用，特别是在课程导入阶段，设计富有启发性的导语可以在学生已有的知识与新知识之间，或学生的现实经验与新的学习任务之间创造思维上的矛盾冲突，从而调动学生思维的积极性，激发学生积极思考的欲望。

3. 趣味性原则

苏霍姆林斯基认为："教与学的统一性起点，在于激发学生学习的兴趣和愿望，和由此萌发出来的自尊心和自信心。"[①]兴趣作为认识事物的良好

---

① 冯克诚. 苏霍姆林斯基教育思想与论著选读[M]. 北京：人民武警出版社，2010：87.

开端，会促使人积极寻找认知和了解事物的途径和方法，表现出一种强烈的责任感和旺盛的探究精神。兴趣作为学生学习的先决条件，学生只有对学习的内容感兴趣，学习才会成功。因而教师要能在整堂课开始的几分钟内，千方百计地让导入使得学生产生兴趣，诱发学生的求知欲，使学生有一种力求认识世界、渴望获得知识、不断追求真理的志向。学生有了强烈的学习兴趣，才会如饥似渴地学习，进而迸发出极大的学习热情。

4. 时效性原则

课堂导入是教师在教学内容和教学活动开始时，在短时间内通过言语或行为，快速吸引学生的注意力，使学生迅速安定学习情绪，为学习新知识做好准备。所以教师一定要把握好导入的"度"。课堂导入应尽可能做到简练省时，力争用最好的话语、最短的时间导入新课，引出新的教学内容。而且课堂导入设计要确保教学内容符合学生的认知水平和接受能力，使学生接受或掌握教学内容，并使其在课堂教学中行之有效。在整个课堂教学中，教师不能为了单纯追求导入的趣味性和新颖性，而忽视课堂的真正意义。

> 你认为课堂导入还应该遵循哪些原则？

(二)导入的特点

1. 针对性

导入具有针对性。一方面，教师在设计导入时必须针对教学内容，即导入必须考虑到其与即将教授的新知识之间的内在联系；另一方面，导入的设计还必须依据学生的认知状态、年龄特征、兴趣爱好以及生活实际。只有具有针对性的导入才可以更好地满足学生学习的需求，更好地实现教学目标。

2. 启发性

导入应该对学生学习的新知识具有启发性。具有启发性的导入不仅可以促使学生建立已有知识与新知识之间的联系，加深学生对新内容的理解，还可以激发学生的学习动机，调动学生积极的思维活动，并引导学生去发现问题、解决问题。

3. 趣味性

我国古代教育家孔子曾说："知之者不如好之者，好之者不如乐之者。"对于学习而言，了解怎么学习的人，不如爱好学习的人；而爱好学习的人，又不如以学习为快乐的人。所以只有当个体处于"乐学"状态时，方能有高涨的学习热情。导入应该具有趣味性，具有趣味性的导入才可以使学生对所学的内容产生兴趣，从而使学生在乐中学，在学中乐。

三、导入时应该注意的问题

导入是课堂教学的重要环节，要求教师在一个课题或者一个活动开始的时候，用贴切而生动的语言和正确而巧妙的方法来集中学生的注意，引起他们浓厚的学习兴趣，激发起他们强烈的求知欲望，

> 教师在进行课堂导入时，应该如何把握导入的"度"？

从而把他们引导到学习的主题上来。那么设计导入时应注意哪些问题呢？

1. 重视导入，关注全局

提高教师的导课技能首先要重视导入，只有思想上重视了才能真诚地付诸实践。导入环节虽然简单，但是教师在上课前就应该准备好所需的导入材料，设计好导入过程，并根据学生的认知特点、心理特征、学习习惯等设计不同的导入方法。此外，导入还应该关照课堂全局。虽然课堂导入主要是针对整堂课的开始环节，但是其最终目的还是为更好地实现教学目标而服务的，所以导入还应该根据教学的需要，在课堂教学的不同环节中过渡。

2. 随机应变，灵活运用

教学过程是一个充满变化的过程，其除了有教学预设的存在外，还有无意间发生的教学生成。面对不断变化的教学过程，显然"以不变应万变"的规则已不再适用。如果教师的导入总是生搬硬套或是流于形式，时间久了导入将失去原有的吸引力，从而变得单调乏味。因而，教师在课堂导入环节，要根据学生的学习状态、教学目标的变化和不同的课程类型来设定，没有固定模式的导入方式，以此来保持学生的新鲜感，激发学生的求知欲，从而取得良好的学习效果。

3. 言简意赅，紧扣主题

课堂导入虽然是课堂教学的重要一环，但是教师在课堂教学中运用课堂导入技能的主要目的是帮助学生快速集中注意力，激起他们强烈的学习兴趣与学习热情，同时创造愉快的学习氛围，使他们"愿意学""乐于学"。课堂导入并不是整堂课的重头戏，所以课堂导入时间不宜过长，以 3～5 分钟为宜。若导入的时间过长，就会喧宾夺主、头重脚轻，影响整堂课的进程。此外，导入环节虽然简单，但是必须具有一定的指向性，导入的设计必须紧紧围绕课堂教学的需要。教师应该根据不同的教学需要，设计不同的导入方法。

第二节 导入技能的方法与运用案例

教学是一门艺术，没有固定的形式。一堂课如何开头，也没有固定的方法。由于教育对象不同、教学内容不同，开头也不会相同。即使是同一内容，不同的教师也有不同的处理方法。有经

> 教师应该依据什么来灵活运用不同的导入方法？

验的教师，总是十分重视一堂课的开端，他们总是精心设计导入，讲究导入的艺术性。总而言之，为了调动学生的学习积极性，教师应该根据所教学生的心理特点，结合教学内容，采用灵活多样的方式导入新课。课堂中导入的形式多种多样，但主要是以下十一种。

一、直接导入法

在课堂教学中，最简单和最普遍的导入方法是直接导入法。直接导入法是指教师在上课伊始直接告知学生本课的学习内容与学习目标，以及学习要求和学习安排，并自然有效地导入教学内容。教师使用直接导入法的目的就是开门见山，直奔主题，使学生快速集中注意力，从而节省教学时间。虽然直接导入法看似简单，但其要求教师在使用此种导入法时能够做到导入语言简明扼要、条理清晰，富有启发性和感染力，否则容易平铺直叙、流于形式，难以激发学生的学习兴趣与求知欲。

【运用案例】

• 小学英语：进行"Weather"教学时，教师直接从"Free Talk"导入天气话题："What's the weather like today?""Today we will talk about the weather."引导学生从日常生活中的话题开始进行本课的学习。

• 中学语文：进行《离骚》教学时，教师直接介绍其起源和发展。中国古诗的源头有两个，现实主义的是《诗经》，浪漫主义的就是《离骚》，因此合称中国文学史上有名的词"风骚"。从而带领学生进行本课的学习。

• 中学英语：进行"Module 6 Unit 3 A Letter from Granddad"读写教学时，教师介绍说："Last period we have learned some advice about non-smoking from granddad to James. Today we are going to further explore how granddad organizes his points and what kind of persuasive skills he has employed，and we are going to apply these skills to our writing."

• 中学生物：进行《光合作用的发现历程》教学时，教师可以开门见山地告诉学生这节课的学习目标是"通过了解有关发展史，构建光合作用方程式和为光合作用下定义"。虽然这一导入方式，显得直接、简单，但这一方式，对于本节课采用模型建构的思想进行授课能起到明确目标的作用。因此，对于此类需要明确教学目标的课堂，可以采用开门见山的方式，实现任务驱动教学。

• 中学历史：进行《发达的古代农业》教学时，教师与学生直接看书中的三个子目标题"早期农业生产的出现、精耕细作的传统农业、男耕女织的小农经济，明确三方面内容的内在逻辑关系，特别是与标题的关系，明晰整个内容的体例"。这种导入虽然过于直接，显得较为简单，但是更有利于学生厘清时间顺序，以及从整体上把握内容。因此要给学生一个面，而非一个点。

• 中学政治：进行"物质与意识的辩证关系"教学时，教师可以利用学生的学习目标、计划与自身实际关系作为导入，并提出问题："你如何看待'适合自己的才是最好的'这个观点？"引发学生对"物质与意识关系"的思考。但要注意，引发思考要切合学生的学习生活实际。

二、问题导入法

古人云："学起于思，思源于疑。"疑问是个人学习的起点，也是个人学习的助力。利用问题，促使学生在头脑中产生认知矛盾，从而启发学生的思维是教师常用的导入方法之一。问题导入法是指教师通过提出富有启发性的问题，激发起学生想要进一步了解此问题的好奇心，从而激发学生产生学习和探究的欲望，进而导入新的教学内容的一种导入方法。问题导入能激发学生思维，活跃课堂气氛，使学生带着问题学习，从而促使学生自主实现学习目标。教师在运用问题导入法时应该做到：第一，巧妙设疑，提出具有讨论价值的问题。教师应该在深入理解教学内容的前提下，巧妙设问。此外，所设的疑点要有一定的难度，要以学生的最近发展区为基础。第二，以疑激思，善问善导。设疑质疑还只是激疑导入法的开始，更重要的是教师要对学生进行正确的引导、巧妙的点拨，以此激发学生的思维，培养学生思考和探究的能力。

【运用案例】

· 小学语文：进行《海底世界》教学时，教师在学习课文前提问："同学们，你们知道我们的祖国地域辽阔，如果把世界各国的国土合起来，这样就变得更大了。而地球还有没有什么地方的面积比陆地面积更大呢？"学生回答后，教师开始课题《海底世界》，并紧扣课题提出疑点：海洋到底有多大呢？海底世界又会是怎样的呢？学了这篇课文你们的疑点就会解开了。以此唤起学生学习课文的兴趣和好奇心，促使他们到课文中寻找答案，激发学生的学习兴趣，引导学生深入理解课文。

· 小学数学：进行《面积和周长的比较》教学时，教师可以创设以下生活情境，巧妙设问，导入新课：我们学校要在校园内建一个长方形花圃，请你做设计师。如果长方形的周长是 24 米，这个图形的长和宽可能是几？在什么情况下面积会最大呢？如果长方形的面积是 24 平方米，这个图形的长和宽可能是几？在什么情况下周长会最长呢？通过一个颇具开放性的问题，巧妙设问，顺利引入新课，使学生带着问题学习，学生的思维有效地得到发散。这个生活实际问题得以解决，既丰富了学生的生活经验，提高了学生解决实际问题的能力，同时又调动了学生学习数学的积极性。

• 小学英语：进行"Janet feels ill"教学时，教师以自己的心情介绍导入，然后问学生："How do you feel today?"引导学生回答出自己的感受以引出接下来的内容。通过教师自己的心情介绍，以"I feel good. I feel bad."作为例子，让学生自然地通过教师的例子懂得回答，自然习得；或者通过其他学生的回答让学生们接触更多有关感受的词汇，以降低教学难度。

• 中学语文：进行《行路难》教学时，用余秋雨的一段话导入："中国历史上毁灭性的战乱太多，只有一种难以烧毁的经典保存完好，那就是古代诗文经典。一代接一代的传递性的诵读，便是这些经典连绵不绝的长廊。"伴随着这段话，提出问题：通过之前一定量的诗歌学习，试归纳鉴赏诗歌的一般步骤。通过回顾学生学过的诗歌知识，进行启发联想，为新的诗歌学习奠定基础，成为能力的迁移。

• 中学英语：进行"Module 3 Unit 4 How Life Began on the Earth"教学时，教师可以提出问题："People have been arguing about the origin of human beings. And there are several legends about it. Do you know any of it?"从而引入本课的学习。通过提问，可启发学生的思维，使学生带着问题进入本课的学习。

• 中学物理：在进行初中《声音的传播》教学时，教师采用以下问题导入："影星汤姆·克鲁斯在科幻电影中凭借着手中的声波武器所向披靡。现在，一种真正的声音武器已经成功问世，它能够发射出大约145分贝的声波子弹，直接射向目标。请问当子弹飞时，我们应该怎样防御?"通过问题导入，激发学生的学习兴趣和求知欲，较大地提高学生的学习动机。

• 中学生物：在进行《探究影响酶活性的条件》教学时，为更好地激发学生的学习兴趣，教师以广州美食"姜撞奶"为切入点，通过设置问题串：姜撞奶如何制作？（激发兴趣，为第二个问题做铺垫）姜汁和牛奶原本都是液态，但姜撞奶为凝胶状，这说明了什么？（启疑）那这种变化是不是可以随意进行？是什么引起这种变化的？（引发学生思考现象发生的本质）通过问题串，逐步引导学生思考，并分析影响姜撞奶制作的因素，为开展实验探究教学奠定基础。但在问题设计的时候，应该能层层递进，不仅要揭示学习内容，更要能体现观察现象—提出问题的思维过程，这有利于通过问题导入激发学生求知释疑的欲望。

• 中学历史：进行《战后资本主义的新变化》教学时，先引用钱乘旦《不平衡发展：20世纪历史与现代化》一文中的句子："第二次世界大战（以下简称二战）是一道奇妙的分水岭：对西方国家来说，它似乎意味着现代化的结束……西方经历了几百年的发展变化，其优势与弊端都已经十分清楚。二战后人们企图修补这个社会，修补在两个方向上进行，一是修补资本主义，二是修正民族国家。"继而设问：提到20世纪三四十年代的世界史，总有些场景，令人哀思。例如，世界经济到底为什么会陷入这种无序状态，并由此引发二战，带来巨大伤痛，使得全球化受阻？正如钱先生所讲：二战又是一道奇妙的分水岭……今天我们学习的内容就是：二战后资本主义的自我修补——资本主义的新变化。通过设问，引导学生带着问题进入本节课的学习。

• 中学地理：进行《西亚和北非的居民和经济》教学时，教师呈现美国对伊拉克宣战的新闻报道——北京时间2003年3月20日上午11:15，美国总统布什发表全国电视讲话，正式宣布对伊拉克开战。布什的电视讲话全文如下："我亲爱的美国国民，我们已经开始了对伊拉克的军事行动，我们要解除伊拉克的武装，解放伊拉克的人民，避免世界陷入危险。我已下达命令，联军已经开始对固定的目标进行选择性打击，以彻底摧毁萨达姆威胁这个世界的能力……"教师问学生："美国为什么要对伊拉克宣战？"学生带着这个问题学习《西亚和北非的居民和经济》一节的知识。教师利用该导入，引导学生发现生活中的地理问题，引起学生情感的共鸣，并在学生共鸣的基础上，再通过个别到一般的思维加工，达到知识的同化和顺应的效应，提高学生的地理思维品质。

三、趣味导入法

生动有趣、富有艺术性的导入在课堂教学中具有举足轻重的作用。它可以吸引学生的注意力，激发学生的学习兴趣和求知欲望。目前，在课堂上常见的趣味导入方法主要有以下四种。

(一)故事导入

学生都喜欢听故事，那些妙趣横生又富含教育哲理的故事对学生有很强的吸引力，抓住学生的这个心理特点，教师可以通过讲述与学习内容相关的典故、传说等，激发学生的学习兴趣，启迪学生思维，并自然地导入新课。故事导入法在中小学低年级较为适用，特别是富有趣味性、科学性和哲理性的故事，很受学生们欢迎。选取学科发展史中某些动人的故事或片段，如科学家的趣闻轶事、某些公式原理的发明过程及一些发明创造的诞生等来导课，不仅能引发学生课堂学习的乐趣，还有助于学生思维能力的培养。运用故事导入法时要特别注意选取故事的关联性、趣味性、启发性和教育性。故事应该力求简短，否则会占用过多的课堂教学时间，甚至会事倍功半。

(二)音乐、影视导入

托尔斯泰说："音乐的魅力，足以使一个人对未感受的有所感受，对理解不了的事有所理解。"[1]用音乐作为新课的导入不仅可以营造轻松的课堂氛围，消除学生的紧张心理，而且还容易调动学生学习的积极性，唤起学生的联想和想象，使学生快速进入课堂需要的情境中。在使用音乐与影视设计导入时，应选择与教材内容密切相关的歌曲或视频作为开场。

(三)图片导入

这是一种利用教学挂图、自制图片或简笔画，借助投影或其他多媒体技术等现代化教学手段吸引学生的注意力，然后围绕图片提出一系列问题，激发学生的求知欲，引入新课的导入法。学生对形象逼真、色彩艳丽、栩栩如生的动画片、卡通片、实物等非常感兴趣，思维容易被激活。这种直观的情境在学生的头脑里留下的不仅仅是表象、概括，而且能激发学生浓厚的学习兴趣，促进他们主动探索、发现新知识。

---

① 刘克明．教学问题诊断与技能提高：初中历史［M］．长春：吉林大学出版社，2009：68．

(四)游戏导入

游戏导入是指教师设计一些知识性、趣味性强并与教学内容密切相关的游戏,激发学生的学习兴趣,活跃课堂气氛,使学生在既紧张又兴奋的状态下不知不觉地进入学习情境的一种导入法。游戏导入不但能有效地调动学生的多种感官来参与学习活动,而且能激发学生的学习兴趣,使学生在游戏中动口、动手、动脑,把抽象的知识具体化、趣味化。学生做游戏,可以使学生轻松愉快地进入新知识中去学习并掌握要学的知识。但要注意的是,导入的游戏必须具有教育性,能使学生获得丰富的精神体验和实践体验。

【运用案例】

• 小学语文:进行《让我们荡起双桨》教学时,课前教师用录音机播放《让我们荡起双桨》这首歌曲,让学生欣赏,然后提出问题:"你们喜欢这首曲子吗?作曲家为什么要谱写这首动听的曲子呢?这就是我们这节课学习的内容。"利用音乐导入新课,学生们自然轻松而愉快地进入了学习新课的角色中。

• 小学数学:围绕一年级的数学教学内容,有计划、有目的、有针对性地组织学生进行各种游戏活动,可变一年级学生的无意注意为有意注意,增强学生的兴趣。教师可经常采用的游戏有:红花配绿叶、对口令、开火车、接力赛、送信游戏等。例如,将枯燥的 10 以内加减计算变成有趣的送信游戏,使学生在游戏中用自己熟悉的方法完成简单的口算,同时有与同伴合作解决问题的体验。再如,对口令游戏使师生之间、生生之间"同台唱戏",改变以往沉闷的课堂教学方式,使师生之间显得更加和谐、融洽。教师把枯燥的教学内容融入游戏中,使数学知识变为鲜活的富有生命的小精灵,激发了学生的学习兴趣,让学生在生动具体的情境中理解和进一步认识数学知识。游戏是儿童的天堂,是儿童喜欢的活动,做游戏可以满足他们爱动好玩的心理,并可增加他们的学习兴趣。游戏能引导学生在"玩"中学,"趣"中练,"乐"中长才干,"赛"中增勇气,"情"中互交往、促团结。因此,在教学中设计富有情趣性、多样性和新颖性的游戏,能有效地激发学生的内驱力，增加兴趣，使他们主动地参与、愉快地学习。

• 中学语文：在进行文言文《山市》的教学时，可以给学生看看现代沙漠中出现的海市蜃楼的图片，使他们加深对这一现象的理解。学生没有看过海市蜃楼的实景，因此对文本山市有一定的陌生感，通过图片的展示，消除了对文本的陌生感，在头脑中形成了大概的形象，有利于对文本的学习。

• 中学数学：进行《用二分法求方程的近似解》教学时，教师和学生做一个"猜猜生日"的游戏，并让学生思考如何最快猜到教师的生日具体在哪一天。通过游戏，将严谨的数学问题带入一个有趣的学习氛围中，使学生在有趣的学习氛围中学习枯燥的数学。

• 中学英语：进行"wish 引导的虚拟从句"教学时，教师可这样引入：Christmas is coming and everybody wishes their best wishes for the new year. And long long ago, the little Match Girl（卖火柴的小女孩）also made her three wishes. Do you know what her wishes are? 接着引出了卖火柴的小女孩临死前的三个愿望，由此引出了 wish 引导从句分别表示过去和现在的愿望的使用规则。通过层层的问题引入，逐步将学生带入本内容的学习情境中，使学生在情境中体会 wish 的用法。

• 中学物理：进行初中物理"阿基米德原理"教学时，教师先播放电影《少年派的奇幻漂流》中的一小段视频：一只猩猩坐在一捆浮在水面的香蕉上，慢慢地漂到小船旁。教师简单介绍一下这部电影，并告诉学生刚刚播放的那一小段视频在网上受到热议，从而引入问题：香蕉可不可以浮在水上？就算香蕉能浮起来，能托起一只大猩猩吗？教师从视频中提取物理模型，引出物理问题，引导学生利用物理知识解决实际问题。

• 中学化学：进行"利用化学方程式的简单计算"教学时，教师利用改编的小电影《狄仁杰的疑惑》，激发兴趣，点明课题，并抛出问题："一根蜡烛燃烧后产生多少二氧化碳，元芳，你怎么看？""雕像上面的这把铁刀完全锈蚀需要消耗多少氧气，元芳，你怎么看？"这两个问题都涉及利用化学方程式进行简单计算的问题，使枯燥的化学理论学习由于这一分钟的视频展示，立刻调动了学生学习的兴趣。

• 中学生物：进行《生态系统的物质循环》教学时，教师通过播放视频《难以忽视的真相（2006）》，呈现温室效应及其产生的原因，该视频有两分钟，前半部分是科学解释温室效应产生的原因，后半部分通过动画片的形式形象地呈现产生温室效应的元凶。通过视频的导入，不但能引起学生强烈的学习兴趣，还能自然地转接到即将学习的内容中。从温室效应产生的原因迁移到生态系统物质循环的特点，又利用生态系统物质循环的特点再次解释温室效应产生的原因并提出缓解措施。通过导入教学，可以给学生多维的感官刺激，有助于引起学生注意，激发学习兴趣。但视频的使用应贴合学生的特点和即将学习的内容的特点，避免喧宾夺主和引用不当导致学生的关注点转移而降低课堂效率。例如，在学习《内环境稳态的重要性》时，可以利用教材"问题探讨"栏目中的化验单图片素材进行导入，组织学生进行讨论：化验单里的生化指标为什么能反映机体的健康情况？每种成分的正常值为什么都有一个变化范围？利用这样一个图片素材，配合有关问题的引导，可以启发学生思维，为内环境稳态的定义做出铺垫，并通过问题的设置和讨论来训练分析数据、组织语言的能力。对于高年级的学生而言，图片导入在激发兴趣的同时，应更多地为学生的能力训练服务。

• 中学历史：学习《罗马法》时，教师引用古罗马神话里司法女神朱斯提提亚的图像（在西方的法院随处可见的雕像）导入，并呈现女神自白："我来自遥远的古罗马，历经千年，但痴心不改。虽然我蒙上了眼睛，但不代表我闭上了眼睛。看不见纷争者的面貌身份，就不会受诱惑，也不必怕权势。我将用正义之剑维护公平与正义，为实现正义哪怕天崩地裂。"同时设问："女神为什么蒙上眼睛？天平和宝剑有什么象征意义？"这样学生由图像展开深入思考，调动了学习的主动性，这种导入在激发兴趣的同时，还对学生的观察有更高的要求。

• 中学地理：进行《北方和南方的自然差异》教学时，教师展示"晏子使楚"的图片，并讲述配乐故事——"……晏子来到了（楚国），楚王请晏子喝酒，喝得正高兴的时候，两名公差绑着一个人到楚王面前来。楚王问道：'绑着的人是干什么的？'（公差）回答说：'（他）是齐国人，犯了偷窃罪。'楚王看着晏子问道：'齐国人本来就善于偷东西的吗？'晏子离开了席位回答道：'我听说这样一件事：橘树生长在淮河以南的地方就是橘树，生长在淮河以北的地方就是枳树，只是叶子相像罢了，果实的味道却不同。为什么会这样呢？（是因为）水土条件不相同啊。现在这个人生长在齐国不偷东西，一到了楚国就偷起东西来了，莫非楚国的水土使他喜欢偷东西吗？'楚王笑着说：'圣人是不能同他开玩笑的，我反而自找倒霉了……'"随后提出问题："为什么'橘树生长在淮河以南的地方就是橘树，生长在淮河以北的地方就是枳树？'是不是南方地区的自然条件就比北方地区的自然条件好呢？"教师引导学生带着对这个问题的思考进行本课的节教学。

• 中学政治：在进行《大众文化》教学时，可以播放加油男孩组合(TF-BOYS)的音乐、凤凰传奇的音乐、交响乐等，并设问："你喜欢哪种音乐类型？"这时学生的兴趣很容易被激发，积极性容易被调动起来。但要注意，引入时间不要过长。

四、情境导入法

情境导入是指教师运用满怀激情的语言或者通过音乐、图画、动画、录像等创设有趣的学习环境，从而使学生身临其境、感同身受，进而情不自禁地进入学习环境的一种导入方法。教师通过创设情境，使学生在情境中感悟学习内容，为学习新课做好准备。在课堂教学中，根据教学内容精心创设的教学环境能够唤醒学生强烈的求知热情，激发学生持续的探究欲望，并在情境中潜移默化地习得知识，获得教育。教师在使用情境进行学习内容导入时，应注意：第一，情境的创设不仅要紧扣学生即将学习的内容，同时又要贴近学生的生活实际。只有这样才能引起学生的注意与情感共鸣，从而激发学生的探索欲望。如果情境的创设脱离了要掌握的知识，这样的情境创设就失去了意义，也不能较好地达到教学的目的。同时情境的创设要以学生的生活经验为基础。因为情境如果跟学生的生活实际相差太远或大部分学生都没有经历过、体验过，会很难引起学生的共鸣。第二，在创设具体情境时，一定要考虑到学生的年龄特点、心理状态、兴趣爱好、现有知识水平等。因为，与学生身心发展特点相适合的情境才具有较强的感染力和说服力，才能触及学生的内心深处，使学生的思想活动和教学内容发生联结，才能较好地激发学生强烈的学习兴趣。

【运用案例】

· 小学语文：进行《三峡之秋》教学时，教师首先播放电视风光片《长江》中有关三峡的片段，教师以导游的形式简单介绍了长江三峡的概况。通过情境，让学生在电视风光片《长江》中学习本内容，做到图文并茂，调动学生的多种感官参与学习。

· 小学数学：利用儿歌创设情境导入，为了让刚入学的孩子巧记 1 到 10，让学生熟记这样一首儿歌："小棒斜放 111，像只鸭子 222，耳朵耳朵 333，像面红旗 444，像个秤钩 555，圆圈出头 666，像把镰刀 777，S 字连头 888，倒放 6 字 999，小棒加圈 10 10 10。"在教学"＞""＜"号时，也穿插一些儿歌来创设思维的情境："大嘴巴是大于号，小尖头是小于号，大嘴巴对着大数，小尖头对着小数。"儿歌，小朋友喜闻乐见，边做动作边读儿歌，他们非常感兴趣，积极性很快就被调动起来，知识容易理解和接受，同时课堂气氛也活跃起来了，由此稳定了学生学数学的兴趣，有效地提高了数学教学的质量。

· 小学英语：进行"Seeing a Doctor"教学时，以"Janet is ill"为情境，让学生结合自己的经历，说说 Janet 病了有什么样的感觉？Janet 病了应该怎么做？以及思考 Janet 为什么会生病？最后引起学生共同思考自己有没有做到健康生活，并一起解决课文的内容。

· 中学语文：进行《散步》教学时，让学生在"Kiss the Rain"的音乐声中配乐朗读，读出真情所在；在教《秋天》时，播放钢琴曲《秋思》，渲染秋天的情怀；在进行名著导读《西游记》时，播放《敢问路在何方》，引起学生强烈的共鸣；在教《绿色蝈蝈》时，播放蝈蝈鸣叫的声音片段；在教《小石潭记》时，播放潺潺的流水声，营造宁静幽深的氛围……虽然只是短短的几分钟，但是却能使整堂课的气氛处在较为热烈的状态中。音乐有很好的舒缓情绪的作用，尤其在进行情感类文本学习之前，能起到渲染气氛、激起兴趣等作用，善于利用音乐进行导入，对整堂课都有事半功倍的作用。

• 中学数学：在进行必修五《一元二次不等式组与简单线性规划问题》教学时，为了解决二元函数的最值问题，教师用"牛奶和果汁中都含有营养素A、B、C、D以及最重要的营养素M"的情境，向学生介绍"每10 ml牛奶中含有营养素A、B、C、D、M分别是1 mg、1 mg、4 mg、4 mg、5 mg，而每10 ml果汁所含的营养素A、B、C、D、M分别是3 mg、2 mg、1 mg、3 mg、2 mg"知识，并讲述"一个人每天摄入的营养素A至多19 mg，B至多13 mg，C至多24 mg，D至少12 mg"，最后提出问题："那我到底喝多少牛奶再喝多少果汁才能满足营养的要求并能获得最大量的营养素M呢？"通过生活中的情境，将数学学习与生活实际相联系，引导学生学习生活中的数学。

• 中学英语：进行"Module 6 Unit 3 A Healthy Life"教学时，使用一些不健康的图片（肥胖、嗜酒、吸毒等）引入，引起学生的共鸣——It is greatly significant to lead a healthy life。通过生活中的情境，引起学生情感上的共鸣，利于本节知识的内化。

• 中学物理：在进行初中物理"凸透镜成像规律"教学时，教师利用公园游客"乱扔矿泉水瓶，并用装水烧瓶点燃火柴"的情境导入，让学生知道乱扔矿泉水瓶会污染环境，还会引发火灾。通过情境导入，使物理与生活紧密结合起来，并且渗透了环境保护的意识。

• 中学生物：在进行《生态系统的能量流动》教学时，通过情景模拟引入教学："假设你像小说中的鲁宾孙那样，流落在一个荒岛上，那里除了有能饮用的水外，几乎没有任何食物。倘若你随身尚存的食物只有一只母鸡和15 kg玉米。"然后根据情境提出问题："你认为以下哪种生存策略能让你可以维持更长的时间来等待救援：第一，先吃鸡，再吃玉米；第二，先吃玉米，同时用一部分玉米喂鸡，吃鸡产下的蛋，最后吃鸡。"通过情景模拟，学生选择合适的策略并尝试阐述理由。一方面学生可以明确两种策略的不同，另一方面可能产生不同的选择方案和理由，通过这种冲突和存疑，促进学生更为主动地学习知识，有利于高效课堂的生成。

• 中学历史：在进行《鸦片战争》教学时，可采用以下情境导入："中国是茶的故乡。十七八世纪的西方人，非常迷恋中国的'茶宴'。当时荷兰的戏剧《茶迷贵妇人》，更是风靡了半个世纪。英国诗人塞缪尔·约翰逊曾这样描述茶：与茶为伴欢娱黄昏，以茶为伴抚慰良宵，以茶为伴迎接晨曦。那时，为了购买中国的茶叶，英国每年都要把大量的白银输入中国。因此也有学者认为这是一场'由茶叶引发的战争'。"并提出问题：到底鸦片战争是由什么引发的呢？通过问题，启发学生的思考。

五、实例导入法

实例导入是指教师从学生的实际生活中选择与教学内容有密切联系的实例开讲，从而使学生进入学习情境，引出教学内容的一种导入方法。采用学生熟悉的生活实例导入新课，可以增强学生对知识的亲切感与自信心，从而激发学生的学习积极性。应用实例导入新课，可以使理论性较强的学习内容更加通俗易懂。此外，采用实例导入法在某种程度上还有助于培养学生理论联系实际、利用社会生活体验来理解知识的学习习惯。运用实例导入时教师应注意：所选实例必须真实，学生熟悉，且紧扣教学内容；所选实例要典型、生动，符合学生的认知特点。

【运用案例】

• 小学语文：进行《要下雨了》教学时，教师问："同学们，下雨之前小燕子总是飞得很低，大群大群的蚂蚁往高处搬家，你知道这是为什么吗？学了这篇课文我们就知道了。"通过生活中的实例观察，学生对为什么要下雨有了切身的体会。

• 小学数学：进行《两位数加、减两位数的笔算》教学时，教师采用学生熟悉的生活实例导入新课：国庆长假快到了，我们都想去旅游，现在通过网络一起看看旅游信息（如表 1-1 所示），并选取其中一些信息。小朋友们，从你们选取的信息中能想到哪些数学问题？你们会列式计算吗？通过生活实例导入新课，更形象地使之味的运算与学生熟悉的生活连成一体，使学生体会到数学不只是写在纸上的算术，而是蕴藏在生活中的一个个问题，既激发了学生学数学的兴趣与动机，又展现了数学的应用价值，让学生体会到生活中处处有数学，数学就在自己身旁。这样既体现了数学源于生活又用于生活的理念，又进一步提高了课堂教学的有效性，使数学课堂更精彩。

表 1-1　国庆长假旅游信息

龙门温泉	2 天 1 晚	530 元
从化碧水湾温泉	2 天 1 晚	638 元
海南自由行	3 天 2 晚	2440 元
丽江自由行	5 天 4 晚	3550 元

• 小学英语：进行"When do you get up?"教学时，教师以自己与家人的生活习惯作为例子，引出话题，也引出学生之前学过的有关生活作息的词汇，并让学生们知道不同的人生活作息也不一样，鼓励学生养成正确的生活作息习惯。

• 中学语文：进行《西游记》教学时，教师先展示学生阅读《西游记》的实际情况，只有 19% 的同学读过，其他同学没读过的原因是很难读，那么该如何去阅读经典名著呢？展示的图片是饼状数据图，来源于课前对学生的调查，结果显示只有 19% 的同学阅读过《西游记》，而剩下的同学都没有阅读过，这是学生自身的实际案例，因为与自身密切相关，所以很能引发学生的兴趣，这样的导入对学生很有吸引力。

• 中学英语：进行"虚拟语气"教学时，教师故意迟到了几分钟才在众人询问的目光中进入教室。教师解释："I waited for the elevator just now and there were many people, so it took long and I was late."教师稍停片刻，加重了语气并放慢速度说："If I had not waited for the elevator, I wouldn't have been late."并把这句话写到黑板上。学生顿时对虚拟语气有了深刻的印象。

• 中学化学：在进行"物质的变化"复习时，教师可以提供生活中的实例让学生思考、讨论并注意画线部分："某日，一辆行驶在高速公路上的装满了浓硝酸的铝槽车不慎翻车，大量浓硝酸溢出，一时间公路上白雾弥漫，其中还夹杂着一些红棕色气体。浓硝酸流到公路旁的树林里，结果大量树木被腐蚀，甚至连一些铜制的标志牌都被腐蚀了。当地政府紧急派出消防队员处理事故，消防队员头戴防毒面具，身穿防化服进入现场，一边往地上撒 Na_2CO_3 粉末，一边往空气中喷洒稀氨水……"由于该生活例子巧妙地隐藏着硝酸的物理性质和化学性质，学生产生了"为什么这样"的想法，并且在问题的解决过程中体会到"化学与生活的相互作用"。

• 中学生物：在进行《细胞的衰老和凋亡》教学时，可以用"老年人在外观上与其年轻时或与年轻人有什么最大区别?"的实例导入，引导学生回忆生活中所见的现象，进行对比归纳，从而引入教学内容"衰老的特征"。通过实例导入，不仅有利于学生从感性认知到理性认知的迁移，也有利于生物知识的生活化和生动化。

• 中学地理：进行《荒漠化的防治——以我国西北地区为例》教学时，教师利用当时北京正在开"哭泣的骆驼——荒漠化生态告急"摄影展的契机，并充分发挥中学生喜爱摄影的特点，从网上搜集了关于"荒漠化生态告急"的摄影照片，根据教学内容将其分成"死亡的边缘""干枯的榆树""挖发菜之旅""塔克拉玛干的前进""绿色的希望""全球荒漠化论坛"六组摄影照片。教师通过这六组"哭泣的骆驼——荒漠化生态告急"摄影照片导入本节课的学习，引导学生在欣赏与观看照片的同时，激发学生对全球生态问题之一——荒漠化的关注，引导学生思考如何解决我们面临的生态问题，并掌握分析与解决区域生态问题的方法，培养学生的人地协调的可持续发展观和社会责任感。

六、演示导入法

演示导入法，是指教师通过实物、标本、挂图、多媒体课件等教具，对与教学内容密切相关的知识进行演示，引导学生观察，提出新问题，从解决问题入手，自然地过渡到新课学习的技法。演示导入法有利于将抽象化、概括化的知识具体化，并能帮助学生由形象思维过渡到抽象思维，从而使学生获得感性知识，激发学生学习的主动性。一般而言，演示导入法比较适合运用于小学各年级和中学的理科教学中。运用演示导入法时教师应当注意：第一，演示的内容与方式必须与即将学习的内容有密切的联系；第二，教师在演示前应做好充分的准备，事先要对演示教具进行检查；第三，教师在进行演示时还应该借助言语对学生进行指导，以便学生通过观察产生疑问，进行思考。

【运用案例】

• 小学语文：学习《乌鸦喝水》时，教师："（把盛有半瓶水的瓶子放在讲桌上，然后慢慢往瓶子里放小石子）同学们观察一下瓶子里的水有什么变化？"学生："水越来越多，水面越来越高了。"教师："有一只聪明的鸟就是用这样的办法喝到水的，这一节课让我们一起来学习《乌鸦喝水》这篇课文吧！"

采用直观教育能使抽象的知识具体化、形象化，为学生架起由形象向抽象过渡的桥梁。

• 小学数学：进行《有趣的搭配》教学时，用网络课件演示导入：从"儿童乐园"经过"百鸟园"到"猴山"有多少种不同的路线？引导学生编号，把"儿童乐园"到"百鸟园"的 3 条路线分别编号为 A、B、C，把"百鸟园"到"猴山"的 2 条路线分别编号为①、②。（如图 1-1 所示）

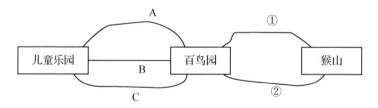

图 1-1　路线编号

教师让学生填空：从"儿童乐园"经过"百鸟园"到"猴山"有（　　）种不同的路线。学生通过填空，发现："原来我们有 6 种不同的路线到猴山，可以根据实际情况选择一种到猴山。"通过导入，引导学生观察，提出新问题，从解决问题入手，帮助学生由形象思维过渡到抽象思维，从而使学生获得感性知识，激发学生学习的主动性。

• 小学英语：进行"Zoo Animals"教学时，教师用一幅堆满了动物剪影的图作为导入，让学生认真看，观察有什么动物，并通过剪影回忆之前学过的相关的动物词汇，让学生对每种动物的样子形成印象。

• 中学数学：进行《寻找面面垂直判定条件》教学时，教师可以用手开关教室的一扇门，请同学们注意观察在门旋转的过程中的每一个时刻门与地面的关系，并提出问题：为什么门总是会垂直地面呢？通过导入，揭示生活和数学的密切关系，且大大提高了学生学习数学的兴趣。

• 中学物理：在进行高二物理"晶体和非晶体"学习时，教师采用石英、玻璃、橡胶、塑料等实物或图片进行演示导入。由于学生平常很少看到一些矿石的实物，实例导入可以较好地激发学生对物质特性的进一步了解。

• 中学生物：在进行《物质跨膜运输的实例》学习时，可以借助多媒体课件或进行现场实验演示的方式，呈现渗透现象。配合问题设置："漏斗管内的液面为什么会升高？如果用一层纱布替代玻璃纸，漏斗管内的液面还会升高吗？如果烧杯中的液体不是清水，而是同样浓度的蔗糖溶液，结果会怎样？"通过演示，引导学生观察现象，通过问题设置，引发学生思考，从而解释现象出现的原因，进而总结出渗透现象发生的条件这一重要知识点。但在运用演示导入法时，应有一个引导的过程，让学生明白演示的目的。

• 中学地理：进行初中地理《地球的运动》教学时，教师用动画模拟"地球公转"和"四季变化"的地理现象，导入本节学习内容。其演示过程概括为：第一，演示地球围绕太阳公转这一现象，让学生领悟地球在宇宙中是如何绕太阳公转的；第二，演示地轴与公转轨道面斜交成 $66.5°$ 的夹角及地轴倾斜方向始终不变这一现象，让学生领悟四季产生的先决条件；第三，演示地球在绕太阳公转的过程中，在不同的时间（两至两分）太阳直射在地球表面不同的纬度位置，从而使地球表面获得的太阳光照强度不同的这一现象，让学生领悟四季变化的原因。通过演示，以直观的形式展示地球上千姿百态的地理事物，冲击学生的视觉、听觉和动觉，刺激学生的注意力，激发学生的学习兴趣，并以动态的形式，帮助学生理解地理事物的特征、规律、变化及原因，使学生的各种感官有机地综合起来，让学生产生无穷的遐想，有利于学生将感性认识和理性认识相结合，为思维提供广阔的空间，从而提高学生的地理思维品质。

七、实验导入法

实验导入法，顾名思义就是通过实验来导入新课的方法。在上课伊始，教师巧设实验，使学生通过对实验的观察去发现规律，进行归纳总结，推导出结论，来导入新课。这种方法在理科知识的教学中运用较广泛，因为理科知识中很多内容都比较抽象，学生需要在借助形象的实验和演示的基础上来更好地理解深奥难懂的知识。运用实验导入新课，不仅能帮助学生理解抽象的知识，而且能激发学生的思维活动，自觉地去分析问题、发现事物内部的规律，并经过归纳总结，推导出新课的结论。运用此法主要注意：首先，实验要助力教学，尽可能帮助突破教学的重点；其次，实验的设计要简单有趣、巧妙新颖、有针对性；最后，要善于利用实验现象来提问和启发，以促使学生去思考和探究。

【运用案例】

• 中学物理：在进行初中物理"大气压强"教学时，教师通过实验导入：把热水倒入广口瓶中，晃几下后，倒去热水，把鸡蛋放在瓶口，可观察到鸡蛋慢慢被吸到瓶中去了。让学生在观察实验的过程中思考问题：在不弄碎鸡蛋的情况下，如何使它进入小瓶口的瓶中？学生通过观察实验，引起对新的知识和规律的好奇心，尝试利用学到的知识和规律解决问题。

• 中学化学：在进行"常见的酸和碱"教学时，可以用小魔术实验引入：提前准备三个透明的杯子，A 杯涮有氢氧化钠溶液，B 杯涮有酚酞溶液，C 杯涮有浓盐酸。教师喝一口蒸馏水后吐入 A 杯，学生喝一口蒸馏水后吐入 B 杯，然后把 A 杯和 B 杯的液体混在一起倒入 B 杯，液体由无色变红色，再把 B 杯液体倒入 C 杯，液体由红色变无色。通过魔术实验，可以设置悬念，激发学生对酸碱与指示剂的兴趣，从情感上拉近学生与新知识的距离。由于实验是化学的灵魂，它能生动、直观地展示化学现象，以特殊的魅力引起学生的好奇心和求知欲。因此，实验内容的选择既要围绕教学主题，又要不拘一格，与教材内容联系密切的生活、生产、自然界的有关现象都可编拟成实验课题，让"实验本身多说话"。

• 中学地理：在进行《地壳运动——火山》教学时，教师和学生一起做火山爆发的实验。实验材料：罐头盒、醋、水、小苏打、茶匙、食用红色素、泥沙和黏土。实验过程：①在室内，将罐头置于纸盒上。②用泥沙湿土、树叶或纸制成你想象中的火山堆。③在罐头盒中放入1/2到3/4的醋，加入几滴食用红色素，再加入一满茶匙的小苏打。④观察醋和小苏打发生反应后，火山熔岩流出火山的情景。⑤在醋和小苏打不断的反应中，持续观察和记录这一现象，并写出实验观后感。通过"火山爆发"实验，让学生亲历火山爆发的过程，理解"地壳运动造成地球内部能量的剧烈释放，在短时间内使局部地形发生急剧的变化"，不仅有利于激发学生强烈的学习兴趣、体验学习地理的成功乐趣，而且有利于学生由现象到本质地看待问题，提高学生的地理思维品质。

八、复习导入法

学生的学习过程是一个由浅入深、循序渐进的过程。遵循学生学习的这种特点，教师在教学中常常通过帮助学生复习已经学过或日常生活中已经熟知的知识，找出即将学习的内容与新知识之间的联结点，从而引导出新的教学内容，达到温故知新的效果。复习导入法作为一种由已知导向未知的方法，不仅可以帮助学生巩固已学的知识，加强新旧知识之间的联系，使学生易于理解即将学习的新内容，而且还可以增强学生的学习自信心，进而激发学生探求新知识的欲望。由于复习导入法由已知到未知的特点，所以该方法适用于逻辑性和连贯性较强的知识。教师在使用复习导入法时要注意旧知识和新知识之间过渡的流畅自然，回顾旧知识时要简洁，不应占用过多的时间，而且在复习旧知识时应尽可能地引导学生自己复习、自己思考，从而避免教师唱独角戏的尴尬局面。

无论采用哪种具体方法，都要注意两个问题：一是要精选复习、提问。要根据当前所学知识与旧知识的联结点编排习题、提问，使之与新的知识之间有密切的联系，并把握好旧知识与新知识之间相互联系的"联结点"，从复习到新课讲授之间的过渡要连贯自然；二是要提示学生或明确地告诉学生新旧知识之间联系的"联结点"，引导他们思考，明确新旧知识之间的联系。

【运用案例】

• 小学语文：进行《数星星的孩子》教学时，教师首先让学生背诵儿歌《小小的船》，然后问："同学们，你们对这首儿歌的哪一句最感兴趣?"学生答："我在小小的船里坐，只看见闪闪的星星蓝蓝的天。""这么说同学们很爱看星空了，你们数过星星吗? 你们看到过杨利伟叔叔在太空中拍摄的画面吗? 我国古代汉朝就有一位叫张衡的人，小时候很喜欢星空，他还数过天上的星星呢!"学生一边回味着对遨游太空的憧憬，一边迫不及待地打开课本。这种导入方法能够为新授课营造良好的学习氛围。

• 小学数学：进行《两位数加、减两位数的笔算》教学时，教师让学生填空：（口头汇报）24 的 2 在（ ）位上，表示（ ）个（ ），4 在（ ）位上，表示（ ）个（ ），2 个十和 1 个十合起来是（ ）个（ ），86 是由（ ）个十和（ ）个一组成的。由此引出课题：这些题我们也可以写成竖式，用笔算。从这节课开始我们就学习加、减法的笔算。这样，使学生利用原有的知识和经验同化为当前要学习的新知识。

• 小学英语：在进行"Which Food Do You Prefer"教学时，教师设计情境——老鼠偷吃食物，以复习学过的食物带出接下来要学习的中西方文化的分类。通过设计老鼠偷吃食物的故事背景，吸引学生的注意力，提高学生的兴趣；而老鼠偷吃的食物内容都是学生之前学过的、跟本课有联系的、会运用到的词汇。学生在玩这个游戏的过程中，会一边扮演老鼠一边复习句子"I like to eat the…"，不仅重新回忆了食物的词汇，而且对接下来的课文学习做了铺垫。

• 中学语文：在进行《双桅船》教学时，先温习以前学过的文章《天净沙·秋思》，大概了解"意象"的含义，为《双桅船》教学做铺垫。先将《天净沙·秋思》里出现的意象"小桥""流水""人家""枯藤""老树""昏鸦"等一一找出来，让学生总结意象的特点，如名词叠放在一起能表达一定的情感等，然后进行现代诗《双桅船》的学习，也是通过复习过的"意象"进行导入，将新旧知识融会贯通。

• 中学英语：在进行高中英语的重要语法"定语从句"教学时，教师一般会分为两节，第一节着重介绍先行词在从句中充当不同成分的时候，使用关系词的一般规则；第二节则会重点介绍特殊规则，如 that 的必用和禁用规则，as 的使用情况等。所以第二节课一开始的时候必定会先系统复习一般规则。通过系统的复习，导入本内容的学习，使学生能够温固知新。

• 中学物理：在进行高一"机械能守恒定律"教学时，教师利用复习的方式向学生提出以下问题："我们已经学习了哪几种形式的能？它们的表达式如何？重力势能的变化是什么力做功引起的？动能的变化是什么力做功引起的？动能定理的内容和表达式是什么?"通过复习相关内容，为顺利推导机械能守恒定律奠定基础。

• 中学生物：在进行《光合作用的过程》教学时，教师利用学生前面学到的《光合作用的发现历程》中构建的光合作用方程式进行复习，进而引入光合作用的场所、阶段、反应物和生成物。这样不仅有利于学生建立前后两节课学习内容间的联系，而且很好地开启了本节课的学习。但在采用该方法时，要注意知识间的内在联系，复习的内容既能发挥复习巩固的作用，又能启示即将学习的内容，有助于学生搭建知识间的联系。

• 中学历史：进行《罗斯福新政》教学时，鉴于此课内容的背景因素中最为突出的是上节课的《空前严重的资本主义世界经济危机》，教师采取复习经济危机的表现和影响作为引入本节课的背景材料，这样直观又简洁，更加体现了历史学习的一贯性。

九、审题导入法

审题导入法就是教师在教授新课时，先把即将学习的内容标题或课题写在黑板上或是利用多媒体课件直接呈现出来，紧接着教师会围绕标题精心设计一系列问题，并通过提问的方式引导学生分析标题或课题进而导入新课的一种方法。采用审题导入法不仅可以直接切入课题的主题，凸显教学重点，还可以迅速集中学生的思维，激发学生的探究欲望。审题导入是各科教学中常见的导入方法，运用审题导入新课的关键在于教师应围绕标题或课题，精心设计问题，通过反问、设问等方式，激发学生思考，以起到导入的作用。

【运用案例】

• 小学英语：进行"Good Manners"教学时，教师以问题"What are the good manners in your mind?"让学生畅所欲言，讲讲心目中有礼貌的行为是什么？为接下来的话题做铺垫。

• 中学英语：在进行"Module 7 Unit5 Keep it up，Xie Lei—Chinese Student Fitting in Well"的阅读教学时，教师首先引导学生审题：题目是一个句子吗？为何具备了句子的意义却不是一个句子的结构？什么文体中会使用这种结构？通过引导学生们审题，明确了新闻题目的特点，从而对阅读文章有了更清晰的预期。

• 中学历史：在进行2014广州市第一次模拟考试试卷（以下简称一模）讲评时，采用这样的导入：以往我们做题往往仅是单纯地做题，基本都是从学生的角度去回答问题，今天我们就换个角度重新审视做过的一模题目，从出题者的角度出发，看看他想考我们什么，只有这样，换个思维，换个角度，才能知己知彼，笑傲江湖。通过审题，让学生了解出题者的思维方式，帮助学生建立多角度的思维模型。

十、衔接导入法

衔接导入法要求教师在全面理解教学内容的前提下，根据知识之间的逻辑关系，找准新知识与旧知识之间的联系，并通过对旧知识的复习，自然而然地导入新课，引出新知识。这种方法使学生在原有的知识基础上学习新内容，因而学生在学习时会对新知识的学习感到亲切，并充满学习信心，且能在轻松愉快中学习新知识，使新旧知识连贯。教师在使用此法时要注意以下三点：一是教师必须深入解读教学内容，且对学生的"最近发展区"有一定了解，要根据自己对学习内容的解读与对学生的了解的前提下找准新旧知识的联结点；二是教师不仅要通过具有针对性的复习引导学生为学习新知识做好准备，还要在复习的过程中利用各种教学方式设置疑难点，使学生思维暂时出现认识冲突，从而启发学生的思维，制造传授新知的契机；三是教师应该根据教授的学习内容类型以及学科性质变换衔接的方式。

【运用案例】

· 中学物理：进行高二物理选修 3-3《气体》中的"密闭气体压强的计算方法"教学时，由于不同的初中学生在学习液体压强、托里拆利实验等内容时的程度不同，因此，这些可以作为学生学习新知识时的最重要的"最近发展区"知识，需要先导入"液体压强"的相关知识进行衔接，帮助学生进一步理解密闭气体压强的计算方法。

十一、讲评导入法

讲评导入法是教师针对学生练习、作业以及试卷出现的问题或教师有意设计的某种错误，进行分析、讲解，进而导入新课的方法。运用这种导入法要注意：一是讲评的内容要具有针对性、典型性以及示范性；二是讲评的内容不宜过多，应与新课内容有一定的联系。

【运用案例】

· 小学英语：在进行"一般现在时"的复习时，创设一个情境：有一个来自中国的小女孩想交外国的笔友，她写了一封信介绍自己和家人的生活习惯，但她不确定自己的表达是否正确，想让全班同学帮助她发现问题。在帮小女孩发现问题的过程中，学生逐步掌握了一般现在时的特征。通过情境，让学生融入小女孩的情境中，并看小女孩的信，观察、发现信中的问题，同时归纳、总结发现的语法问题。

· 中学语文：在讲评试卷语用题"连贯简洁"这个知识点时，不直接展示正确答案，而是分别展示学生典型的错误答案。答案一：168 元一盒的月饼前三年销量惨淡，到了第四年销量激增；518 元一盒的月饼前三年销量逐渐增加，第四年开始回落；1118 元一盒的月饼前三年销量猛增，第四年销量惨淡。学生发现此答案比较冗长。然后教师展示错误答案二：低价月饼的销售量自 2010 年至 2012 年销售量最少并持续下降，在 2013 年销售量迅速增加（销量增长了 10 倍）；中价月饼自 2010 年至 2012 年销售量适中并持续增长，但在 2013 年销量锐减（跌至去年的 1/6）；高价月饼自 2010 年至 2012 年销量一直偏高，并持续上升，但在 2013 年锐减至销量最低（跌至冰点，是去年同期的 1/40）。学生发现答案的年份还可以合并，最后才展示出正确答案：从 2010 年到 2012 年高价月饼的购买人数多于廉价月饼，而 2012 年至 2013 年，高价月饼的购买人数大大减少并且购买廉价月饼的人数大大增加，人们开始流行购买廉价月饼。通过讲评，学生理解了为什么要这样答题。

• 中学数学：在讲解完"正弦函数 $y=\sin x$ 的图像性质"的作业时，可以马上提问："那么，正弦型函数 $y=2\sin\left(x+\dfrac{\pi}{3}\right)$ 的图像性质该是如何的呢?"这样就可以顺利导入"$y=A\sin(\omega x+\varphi)$ 的图像性质"一课的学习。

综上所述，巧妙有效的导入不仅能点燃学生思维的火花，而且能拓展学生的想象思维，激起师生间的情感共鸣，是师生心灵沟通的桥梁。

第二章　提问的技能

【故事情境】

　　一位语文教师在教授《乡下人家》这篇课文时，为了帮助学生更好地理解课文的主题句，即"乡下人家，不论什么时候，不论什么季节，都有一道独特、迷人的风景"，教师设计了以下问题：作者是怎样把这独特、迷人的风景写出来的？为了表现乡下人家的独特、迷人的风景，作者呈现了哪些生活画面？作者在为我们呈现的这些画面的独特之处在哪里？等等。

【我的思考】

　　结合故事情境，你对教师在课堂上进行提问有什么看法？你认为教师在课堂上应该怎样提问？教师在提问时应该谨记哪些注意事项？

第一节　提问技能的概述

　　课堂提问在课堂中是一种很普遍的教学方式，也是课堂中"以教师为中心"的教学模式转向"以学生为中心"的教学模式的途径之一。课堂提问作为教与学的纽带，不仅是课堂教学中师生进行对话的重要形式，而且也是激起学生好奇心与质疑的开端。因而，能否进行恰到好处的提问，是衡量教师教学能力的一个重要尺度。

一、课堂提问的内涵和意义

(一)课堂提问的内涵

《简明中小学教育词典》对课堂提问做出这样的
解释："课堂提问是指在课堂教学中，教师就有关
教育提出问题，让学生做出应答的活动。"①学者胡

> 课堂提问的核心价值
> 是什么？

典顺等人则认为："提问，在课堂上表现为师生之间的对话，是一种教学信息的双向交流活动，是师生交流的主要方式，是教师在教学中所做的比较高水平的智力动作，课堂提问技能是通过师生相互作用促进思维、引发疑问、巩固所学、检查学习、应用知识实现教学目标的教学行为方式。"②学者金秀美则表示："课堂提问是教师根据教学目标联系教学重点，向学生提出问题，并引导学生经过思考，对所提出的问题得出结论，提出自己的看法，从而获得知识、发展智力的教学方法。"③

尽管各位学者对提问技能的定义各不相同，但是各定义所凸显的提问技能的本质是一致的，即提问技能是指教师通过提出问题来检查和了解学生的理解程度，鼓励和引导学生深入思考问题，自己得出结论而获得知识、发展思维能力的教学行为方式。

(二)课堂提问的意义

1. 增进师生交流

教学过程既存在着教师的教授行为，也存在着学生的学习行为，因而教学过程必然会发生师生互动的现象。这种互动行为除了师生间大量的知识信息交流外，还包括师生间的情感意向交流，其中又以课堂提问最为常见。课堂提问不仅是师生之间的思维碰撞，也是情感交流的过程。教师在提问时，温和自然的态度、亲切期待的眼神，可以拉近学生和教师之间的心理距离，使学生乐意与教师一起去思考，主动去解决问题。课堂提问若

---

① 谭吉华. 新课改 新教法[M]. 北京：光明日报出版社，2012：120.
② 胡典顺，徐汉文. 数学教学论[M]. 武汉：华中师范大学出版社，2012：167.
③ 金秀美. 教师礼仪实训教程[M]. 北京：科学出版社，2012：208.

以教师情感为铺垫，师生间的交流更容易水到渠成。一个好的问题犹如一条纽带，会将师生的认知和感情紧密联系起来，架起师生双向交流的桥梁。

2. 启发学生思维

"学起于思，思源于疑。"教师提出的疑问，能激发学生的认知冲突。教师根据学生已学过的知识或他们的社会生活实践体验而设置的疑问能够引起学生认知结构内的矛盾，进而促使学生自己去主动研究问题、思考问题、寻求问题的解决之道。在课堂教学中，教师精心设计的问题不仅能够调动学生思维的积极性，激发学生的求知欲，还能够促使学生将新内容的学习与已有的知识建立联系，并通过新旧知识之间的同化和顺应，形成对学习内容的新理解。

3. 培养学生能力

课堂提问作为教学的有力手段，为学生各种能力的培养提供了重要的平台。首先，课堂提问能引起学生的认知矛盾并给学生适宜的紧张感，从而引发学生积极思考，引导学生思维的方向，扩大学生思维广度，加深学生思维深度。其次，学生回答问题时需组织语言，以便能言之有理、自圆其说，锻炼口语表达能力。最后，学生在与教师和其他学生探讨问题、寻求解决问题的过程中，培养了与他人交流、沟通的能力。

4. 提供教学反馈

教学的调整离不开教学反馈，教学反馈为教学调整指明了方向。通过课堂提问，教师和学生均可以从中得到有利的反馈信息。一方面，教师

> 课堂提问是如何为教师提供教学反馈的？

通过恰当的提问，可以获得学生对学习内容的理解、掌握与应用情况，可以察觉学生在知识掌握方面存在的问题，并在此基础上调整教学活动，灵活地控制教学的方向与教学的进度。另一方面，学生通过回答教师的提问，可以明确自己的学习状况，发现自己的学习盲区，并根据教师的反馈信息，改进自己的学习方法、习惯、态度等，为后面取得富有成效的学习成果奠定基础。

二、课堂提问的特点与原则

(一)课堂提问的特点

1. 目的性

课堂提问并不是教师的随意发问，课堂提问应该具有明确的目的，教师要尽量避免与教学内容无关的无效提问。此外，提问的设置还应该紧紧围绕教学目标的实现，突出教学的重点。教师在授课前一定要研读教材或相关的教学材料，并根据自己对新知识的理解精心设计提问的内容与形式，所提内容应具有指向性、典型性，且不能偏离课堂教学中心，否则就达不到提问应有的效果。

2. 科学性

课堂提问是课堂教学中师生相互交流的重要双边教学活动，是教师开启学生的心智、促进学生思维发展、激发学生探索欲望的有效方式。鉴于课堂

> 教师要如何做才能使提问具有科学性？

提问的重要性，教师应该注意提问的科学性。教师在提问时必须按照教材的知识结构和学生的认知活动顺序进行，讲究层次：问题做到环环相扣，解决做到循序渐进、逐步提高。此外，在设计问题时还要注意难易程度的把控，使多数学生经过思考后能正确答出，从而培养学生创造性思维以及问题解决的能力。

3. 灵活性

课堂教学是千变万化的，是一个不断推进的动态过程，这个过程既有规律可循，又有灵活的生成性和不可预测性。在课堂教学中，学生回答问题时可能出现各种状况，或茫然失措，不知如何回答问题；或答非所问，偏离教师预设的问题答案。因而教师在提问时要有效地使用这些生成的资源，要根据课堂情况灵活地发问，而不是无视课堂情况的变化生硬地套用课前设计的问题。此外，教师还应该根据课堂情况和学生的课堂表现，灵活变换提问的角度与方式，才不会让学生失去回答问题的兴趣。

(二)课堂提问的原则

1. 目的性原则

课堂教学的目的既是课堂教学的出发点，又是课堂教学的归宿。作为实现教学目的而服务的课堂提问也应该有明确的目的。明确教学提问的目的性，就能使提问恰到好处，为教学穿针引线，产生直接的效果。因而教师课堂提问的方式，首先应该根据课堂目的而有所不同，其次应该围绕不同的学习内容的性质、重难点的设置而有所不同，最后还应针对学生不同的学习状态和认知特点而有所不同。总之，教师在提问时应该具有强烈的目标性，尽量避免提问的随意性、盲目性和主观性。

2. 适度性原则

课堂提问的适度性原则不仅要着眼于学生的"最近发展区"，而且还要抓住提问的"最佳时机"。首先，教师设计的问题的难易程度应该适中。难度太

> 如何巧妙地设计课堂提问的问题?

大的问题，学生会无从下手，很快就会失去兴趣；太浅显的问题，又会让学生觉得索然无味，同样引不起学生的兴趣；只有适度的提问，才能达到理想的效果。其次，教师要适当地把握好提问的频率和时间，一节课不能不断地提问，否则学生无法冷静有效地思考，反而破坏了课堂结构的严密性和完整性。但也不能没有提问，否则整堂课会毫无生机。

3. 启发性原则

我国古代教育名著《学记》中提出"道而弗牵，强而弗抑，开而弗达"的教学原则，其大意为要引导学生，但绝不牵着学生的鼻子；要严格要求学生，但绝不使学生感到压抑；要在问题开头启发学生思考，但绝不把最终结果告知学生。教师在课堂教学中，要根据学生的思维特征和心理特点，设计具有启发性的问题。要善于利用提问来引导学生，从而启迪学生的思维，使其在学习新知识时，能够从原有的知识结构中找到联结点，最终顺利地同化新知识。

4. 全面性原则

教育是面向全体学生的，提问也要面向全体学生。教师在课堂教学中，

应该针对学生的不同学习状况、学习风格、学习习惯等提出难度各异的问题，从而调动每一个学生思考问题的积极性和主动性，让每一个学生都参与到教学过程中来。通过让学生发表自己的见解和不同的意见，充分施展学生的自我个性，实现全体学生都能在原有基础上有所提高。面向全体学生至少应该包含两层含义：一是指面向全体学生发问，要让所有学生都能积极思考教师提出的问题，之后做短暂的停顿，再指定学生回答。这样，可以使全班学生都积极思考问题，因为每个学生都有可能被提问；可以使全班学生对某一同学的答案进行评定，因为每个学生思考的答案都可以拿来与被指定的同学的答案进行比较。二是指向不同层次的学生提问，提问要关注所有的学生，根据学生的知识水平提出不同要求的问题，对优秀的学生可以合理"提高"，对中等学生可以逐步"升级"，对学习困难的学生可以适当"降低"；还要注意照顾有特殊需要的学生，如提问注意力容易分散的学生可以使其集中精力，对胆小害羞的学生提问其力所能及的问题可以帮助其建立自信。

> 教师在设计提问时，如何才能达到提问的全面性？

三、课堂提问时应注意的问题

教师的巧妙提问是课堂走向成功的前提之一。要使提问启发学生的思维，激发学生的求知欲，最终达到事半功倍的效果却需要一定的技巧。那么，应该怎样提问呢？

(一)提问语言要言简意赅

一堂课的学习时间是有限的，教师应该注意自己提问语言的言简意赅、一语中的，切忌提冗长繁杂的问题，让学生摸不着头脑，更不知如何思考问题。

教师在提问时要针对学生的心理特点，言简意赅，提出他们易于理解、容易接受的问题。除特殊要求的、可有多种答案的问题以外，一般的问题都应使学生清楚地理解教师要求回答的是什么，不应使学生摸不着头脑，产生理解上的模糊性和随意性。发问应简明易懂，并不重复，以免养成学生不注意教师发问的习惯。若某个学生没有注意到教师所提的问题，可以指定另一个学生代替教师提问。如果学生不明白问题的意思，教师可以用更简洁的话语将问题重复一遍。要使学生的思维活动指向解决问题，必须使学生明白问题的范围和核心。教师提问的语言要准确表达问题的意图，条理清晰、逻辑性强，切忌含糊不清。如果问题提的不具体、不明确、模棱两可，会使学生把握不住问题的实质，阻碍思维的发展。

(二)提问的问题要有层次性

系统而周密的课堂提问能引导学生去探索达到目标的途径。提问的层次性原则要求教师紧扣教材重点、难点和关键，分析教材内容的内在联系、逻辑顺序和学生已有的知识、能力，按照由具体到抽象、由感性到理性的认识规律，由易到难、循序渐进地设计一系列问题，使学生的认识逐渐深入、提高。问题的设计在知识范围上可以由小到大，先设问，后反问，再追问，最后得出概括的结论，使学生把握思维的正确方向，提高概括能力；设问也可以从大入手，问题提得大并不要求学生立即回答，目的是让学生进行发散思维，明确思维的方向及途径。随后，教师再提出一系列小问题，引导学生思考、讨论，培养学生的分析能力。

(三)提问要兼顾学生的差异性

教育讲究"因材施教"以及学生的"最近发展区"。设计问题时同样要兼顾以上两个原则，从而使处于不同学习水平的学生通过回答问题而得到发展。若提出的问题低于或高于学生的思维水平，学生就不能进行积极的思维活动。所提问题的难易、深浅应因人而异，兼顾学生的知识和智力水平，把不同难度的问题对应地提给不同层次的学生，使不同层次的学生都能得到发展。

(四)提问要注意评价的及时性

课堂提问的目的在于检查教学效果，巩固学习成果。因此，学生回答问题后，教师应引导学生对其发言予以分析并做出客观的评价，肯定正确部分，纠正错误部分，使问题有明确的结论。教师恰当的评价可强化提问的效果。当学生完整作答时，教师要给予肯定；当回答富有创意时，教师要给予赞扬；当回答错误时，教师也要亲切指导、适当点拨、给予鼓励。同时，教师还要对学生回答问题的情况进行及时的归纳和总结，以促进学生知识的系统化、认识的明晰化、思维的深化，便于学生找出自身学习上的不足，养成良好的思维习惯。

> 为什么教师在学生回答问题后，要给予学生及时的评价？

第二节　提问技能的方法与运用案例

课堂提问可以启发学生的思维，激发学生的求知欲望，从而使学生积极思考、主动探索。在不同的教学情境中，教师会采用不同类型的方法对学生进行提问，目前课堂提问的方法主要有以下十二种。

一、回忆性提问法

回忆性提问设计的目的是使学生巩固已学的知识。学生通过对回忆性问题的回答来追忆学过的事实和概念。回忆性提问法通常以知识性提问为主，用来考查学生概念、公式、法则等基础知识的记忆情况。回忆性提问强调知识的认知过程，问题的答案一般能从教材中找到，学生只需回忆所学的知识而无需多加思考。回忆性提问法主要是通过复述、选择、判断等形式进行。其中复述就是要求学生回忆已经学过的概念、事实等，而判断与选择一般不需要学生进行深刻的思考，学生只要能迅速指认出认知对象即可。

因为简单的回忆提问限制了学生的独立思考，没有他们表达自己思想的机会，教师在课堂上不应过多地把提问局限在这一等级上。但这并不意味着这类提问不能使用，而是应有所节制。一般在课堂的开始或对某一问题的论证初期，使学生加快回忆所学过的概念或事实等，为学习新的知识提供材料。

【运用案例】

• 小学英语：进行"Eating Habits"的第二课时教学时，教师以问题"What are the most important foods for people?""What are they?"引起学生的思考和回忆第一课时学过的知识内容。应注意此类问题必须是学生之前已学过的。

• 中学语文：进行《说"屏"》教学时，教师提出与知识相关的问题："我们在哪篇文章中接触过'屏'?"简单的提问引发了学生对"屏"这个物体的关注，通过回忆学过的课文里对"屏"的描述，消除陌生感，迅速开始新文章的学习。

• 中学数学：进行必修三《简单随机抽样》教学时，教师为了帮助学生提高获取新内容的效率，提出以下问题："随机抽样有哪些特点？随机抽样有哪些方法？大家能用自己的语言举例说明不同的随机抽样吗？"通过思考这些问题，大致了解了本内容的学习要点，为深入地学习打下扎实的基础。

• 中学英语：进行高中英语的重要语法"定语从句"教学时，前面学习了先行词在从句中充当不同成分的时候使用关系词的一般规则，教师为了让学生回忆前面学的内容，提出问题："定语从句的一般使用规则是什么?"通过问题的思考，唤起学生已有的记忆，调用学生已有的知识与经验，为学生对新知识的同化与顺应奠定基础。

• 中学物理：进行"机械能守恒定律"教学时，教师可通过提问，让学生回忆前面所学的内容：之前学习了哪几种形式的能？它们的表达式是什么？功能关系是指能量的变化一定是某个力做功引起的。重力势能的变化是什么力做功引起的？动能是什么力做功引起的？动能定理的内容和表达式是什么？通过提问，巩固有关机械能的概念、功能关系的规律，帮助学生建立前后两节课所学内容之间的联系，为学生在新课中推导机械能守恒规律做好铺垫。

• 中学生物：进行"光合作用的过程"教学时，教师可以对《光合作用的发现历程》中构建的光合作用方程式进行提问复习，提问内容是关于光合作用的场所、阶段、反应物和生成物等问题。通过提问，巩固有关光合作用知识的整体掌握，帮助学生建立前后两节课所学内容之间的联系，实现温故知新和承上启下的作用。

• 中学历史：学习《空前严重的资本主义世界经济危机》时，关于"危机席卷资本主义世界"这一内容，教师可以提出以下问题：为什么从美国开始的经济危机会迅速扩展到其他资本主义国家，演变为全球性资本主义经济危机？（世界市场已经形成）

二、应用型提问法

应用型提问法不同于回忆性提问法。它是一种高级认知的提问，要求学生在记忆基础知识的前提下，通过创设一个简单的问题情境，让学生将所学的概念、规则、原理等基础知识应用于具体的情境中，从而解决新问题。学生通过回答应用型问题，可以将学习的理论知识与社会生活实践联系起来，最终提高其解决问题的能力。此方法常用于各种概念、内涵的界定及规律、原理的应用，即应用原理解释常见的现象；应用概念认识分辨一般的事物。这要求学生将已内化的信息再外化，对已知信息进行分类和加工整理，通过知识的反馈和应用，达到透彻的理解和系统的掌握。

【运用案例】

• 中学语文：进行初中《荒岛余生》教学时，文中提到："鲁宾孙面对生与死时，有过痛苦的心理斗争，最后他选择了生存，在岛上度过了 28 年，他所承受的艰难困苦是现代学生难以想象的。"为了拉近学生与文本的距离，教师不妨让学生试想在极度恶劣的处境中的自我感受，如闷热的夏夜、停水、停电、父母出差、仅你一人独守空房，甚至连电话、手机都没有，无法与任何人沟通，此时，你有何感想？这样，学生的感受就比较直接，能真切地感受到鲁宾孙生存下来的极度不易。将课文问题转换成学生现实中的问题，让学生在现实的情况下进行思考，更有现实意义，也能激起学生思考的兴趣。

• 中学数学：进行《方程的根与函数的零点》教学时，教师为了将数学学习与生活相联系，提出以下问题："某地区某天早晨五点的温度是 $-2℃$，十二点的温度是 $12℃$，在这段时间内，假设温度是均匀变化的，是否存在某时刻的温度为 $0℃$？你能从数学角度解释这一现象吗？"学生们马上议论纷纷，热烈地发表个人见解。这时教师马上提出："同学们，等我们学完这一课就能很好地回答这个问题了。"学生就会兴致盎然地投入新知识的学习中。

•中学英语：进行高中英语的另一重要语法——"名词性从句的基本规则"教学后，教师会给出一些英语句子要求学生选择或者填上合适的关系词，以检验学生是否已经理解了相应的规则。

•中学物理：进行"透镜"中"凸透镜和凹透镜的概念"教学后，教师为了检测学生的掌握程度，可提出以下问题："在下图中属于凸透镜的是哪个？属于凹透镜的是哪幅图？"（如图 2-1 所示）

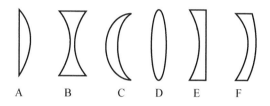

图 2-1　几种透镜示意图

•中学化学：进行"燃烧与灭火"时，教师可联系生活实际，提出以下问题："如果我们打算野炊，需要燃起一堆火，我们需要准备些什么材料？"学生回答："木材、干树枝、干树叶、火柴、打火机……"教师再问："同学们选择的材料分别在燃烧中起什么作用？或者说燃烧需要什么条件？"教师根据学生的回答，引导学生通过实验来验证。通过应用性提问，可引导学生将书本知识与生活实践相结合，引导学生运用书本所学的知识去分析问题，厘清头绪，更好地搞清知识的来龙去脉，进而找出答案，最终解决问题。

•中学生物：进行《光与光合作用》中"捕获光能的色素和结构"教学时，教师可结合生活实际，设置以下问题：在温室种植中，有的温室大棚会悬挂发红色或蓝色灯光的光管，这样做的目的是什么？该问题的设置，用于考查学生对叶绿体主要吸收光谱的掌握情况，并结合另一个问题"是否采用发绿色灯光的光管，为什么？"进行进一步补充，检测学生的掌握情况。由于问题本身也是一个生产实际的问题，因此可培养学生运用理论知识解决实际问题的能力。

三、理解性提问法

理解性提问是指教师为检查学生对所学知识理解的程度而提出的问题。一般说来，理解提问多用于对新学知识与技能的检查，以便了解学生是否真正地理解了教学内容的实质。理解性提问不仅是教师培养学生洞察力和掌握知识本质特征能力的重要手段，同时也是锻炼学生语言表达能力的重要途径。目前，理解性提问又可以分为浅层理解提问和深层理解提问。浅层理解提问要求学生用自己的语言描述事实或解释现象等；而深层理解提问则要求学生必须对问题的本质有深入的理解，用自己的话讲述中心思想，以便了解是否抓住了问题的实质。对于这样的提问，学生除了要对概念及其实质做深入的了解外，还要做横向的比较，才能得出正确的比较结果，即除了思维的记忆外，还须有思维加工的过程，可以说它是深入理解提问的延续或者说是更高级的提问。总之，理解性提问作为用来检查学生对已学的知识及技能的理解和掌握情况的提问方式，多用于某个概念、原理讲解之后，或学期课程结束之后。学生要回答这类问题必须对已学过的知识进行回忆、理解、重新组合，对学习的材料进行内化处理、组织语言，然后表达出来。

【运用案例】

• 小学语文：进行《孔子游春》教学时，教师可以这样提问："这段话中哪些词或句子你还不理解？利用工具书解决或者与同桌交流。这段话是围绕哪一句话写的？为什么说水是真君子？孔子以流水为喻，有何用意？'善施教化'后有个省略号，省略了什么？你能合理地补充水的哪些特点呢？"这个教学片段从理解词语到理解句子再到理解段落，层层深入。理解段落时也是从理解文章表面的意思再到理解藏在文章背后的深意，语言训练也是在理解课文内容之后进行拓展延伸。由于提问有层次性，能激发学生的学习动机，锻炼学生的思维方法，久而久之，学生的逻辑思维能力就会变强，而且变得乐学、善学、爱学。

• 小学数学：进行《口算两位数加、减两位数》的练习课时，教师问学生方框处应填几？16＋43＝□9　16＋47＝□3引导学生计算后进行对比，说说方框处为什么填的数不一样？65－23＝□2　65－27＝□8通过理解性提问，使学生深刻理解所学知识的本质属性，进一步巩固知识，形成技能。

• 小学英语：进行"Slow and Steady Wins the Race"教学时，教师会通过"What's the meaning of 'steady'？What's the meaning of 'slow and steady'？What's the meaning of 'Slow and steady wins the race'？"等梯度性问题，让学生逐渐理解题目的真正意思。同时，教师可以把课题以单词—词组—句子这样的结构引导学生先理解字面上的意思，再理解它的内涵。例如，教师先让学生理解"steady"的意思，进而理解"slow and steady"这个词组的意思，再来理解"Slow and steady wins the race"字面上的意思，最后理解其真正的内涵——从容不迫，胜券在握。

• 中学语文：进行《背影》教学时，教师可围绕文本内容提出相关问题："找出表达作者情感的关键性语句，哪些给读者留下最深的印象？"通过引导学生在文本中抓住体现情感的句子，然后串起全文的思路，并就印象最深刻的一些句子进行重点研读和分析。

• 中学英语：进行"虚拟语气"教学时，教师可问学生："After an exam, one of you said to me, 'I should have worked harder.' Did he do a good job in the exam？"通过此情境的设问来检测学生对 should have done 的隐形意义的理解。

• 中学物理：完成高中"机械能守恒定律"中"规律和规律的适用条件"教学后，教师可播放麻省理工学院机械能守恒视频，并提出问题："为什么这个教授不会被打中？机械能守恒吗？不守恒的原因是什么？"以深化学生对"规律和规律的适用条件"的理解。

• 中学生物：进行《细胞呼吸》中有关"有氧呼吸的过程"教学后，教师可以提出以下问题："为什么说线粒体是有氧呼吸的主要场所？"该问题看似简单，却考查了学生两个方面的知识理解：一是真核生物有氧呼吸的场所是不是都在线粒体？如果学生对有关知识掌握较好的话，可以清晰地知道由于真核生物有氧呼吸的第一阶段位于细胞质基质，因此只能说线粒体是主要场所。二是原核生物也可以进行有氧呼吸，但是由于没有线粒体，所以原核生物有氧呼吸的场所不是线粒体。因此综合而言，细胞生物有氧呼吸的主要场所是线粒体。通过该问题的提出，可以较全面地考查学生对有氧呼吸场所的理解，特别是融会贯通原核生物的有关知识，实现知识的跨章节联系。

• 中学地理：进行《北方地区》教学时，为了让学生更好地理解教学内容，达成学习目标，教师围绕《北方地区》的学习内容，通过多媒体呈现《天路》《我们新疆好地方》《步步高》《松花江上》四首脍炙人口的歌曲提出问题："你们听过它们吗？"学生通过听歌，能够较好地了解北方地区的概况。在此基础上，教师再问："你们知道北方地区民歌的特点吗？""一方水土养一方人——为什么北方地区的民歌有这样的特点？""你还知道哪些歌词描绘了北方地区的气候、河流、资源、植被等自然环境？""为什么这些歌词会这样描绘北方地区的气候、河流、资源、植被等自然环境？""歌声中体现了人与自然是怎样的一种关系？"学生通过对问题的分析，能够较好地理解北方地区的自然与人文状况。

• 中学政治：复习《经济生活》的时候，教师可尝试通过"消费，到生产，到分配等"环节问题，让学生去理出单元之间的线索。但要注意引导学生先对每个模块的知识进行概括，再从中找出关联。

四、分析性提问法

分析性提问是要求学生通过分析知识结构因素，弄清概念之间的关系或者事件的前因后果，最后得出结论的提问方式。这类问题多用于分析事物的构成要素、事物之间的关系和组织原理等方面。要素分析主要是分析事物或过程中包括哪些构成要素；关系分析指确定各要素之间、各组成部分之间的主要关系；组织原理分析主要是研究各部分为组成一个整体所遵循的规律。由于所有的高级认知提问不具有现成答案，所以学生仅靠阅读课本或记住教师所提供的材料是无法回答的。这就要求学生能组织自己的思想寻找根据，进行解释或鉴别，进行较高级的思维活动。学生必须通过认真思考,对材料进行加工、组织、理解和鉴别才能解决问题。该方法对学生的要求较高,一般适用于高年级的、具有一定的分析能力和批判思维能力的学生。教师在使用该类型的提问方法时,应该注意加强对学生的引导和帮助,促使学生在教师的引导和帮助下提升分析能力。

【运用案例】

• 小学语文:进行《海伦·凯勒》教学时,当学生明白海伦·凯勒的不幸遭遇后,就应该让学生默读课文,说说海伦·凯勒是怎样面对这一切的?你觉得她是个怎样的人?从哪些句子可以知道?这些问题,无疑放飞了学生的思维翅膀,学生就得认真地看书,寻求答案。通过学生的学习、分析、思考、讨论,他们很快就明白了:海伦·凯勒是个刻苦学习、不向命运屈服的人。

• 小学数学:进行"口算两位数加、减两位数的练习课"口算练习时,教师提问:"口算 $63+18=$?是怎样算的?"(学生汇报,教师板书)引导学生用数学语言表达:"先算……再算……最后算……"通过分析性提问,引导学生理解:口算两位数加、减两位数,本质上就是两位数加、减十位数和一位数两种情况的组合。根据学生的认知规律,当新知识与原有知识经验的关联程度越深,就越容易激发学生的学习欲望。

• 中学语文:进行《背影》教学时,教师可及时抓住"我"穿紫毛大衣的细节问题:"父亲穿什么?"利用这个提问引导学生继续挖掘细节所透露出的父子情深。

• 中学英语:教师在指导学生做阅读题中的推断题时,尤其是推断一个句子的代词(it,they)等的具体指代内容时,就需要学生通过上下文去分析,这种提问就属于分析性提问。通过分析性提问,培养学生的分析能力。

• 中学物理:进行高一物理"机械能守恒定律"教学时,教师在引导学生分析机械能守恒定律的适用条件时可采取分析性提问:"机械能总和保持不变的规律是不是在任何情况下都适合呢?如果物体不是做自由落体运动,下落过程中物体受空气阻力,机械能总和是否保持不变?"引导学生对物理规律的使用范围进行反思,强化物理规律的适用范围,通过分析性提问可以建立学生已有知识和最近发展区之间的联系，帮助学生建构物理规律。

• 中学地理：进行初中《水资源》教学时，教师向学生呈现案例：一场暴雨冲垮了某村鱼塘附近的一条水渠，水渠里的水流进鱼塘。第二天，鱼塘里白花花地泛起一片死鱼。管塘的老汉以为水中缺氧，赶紧打开供氧泵，结果仍然无效，最后鱼全部死光。于是，该老汉到法院状告附近的一座小型化工厂，声称化工厂的污水毒死了他鱼塘里的鱼。化工厂的领导否认说：化工厂的污水是流到附近的荒地上，并没有流进老汉鱼塘附近的那条水渠里。然后提出问题："如果你是法官，你会如何判决？"学生运用了与"水资源"相关的知识和"环境保护的意识"对案例进行分析与判断，并说出自己分析与判断的依据，在此过程中，培养了学生的分析与判断的地理思维能力。

• 中学政治：进行《解读时政常识》教学时，教师可根据"近期我国西北地区出现了抢摘黑枸杞事件"来提出问题："为什么会出现这种现象？"从而引导学生分析其中的利益链条。但要注意，设问不要超出学生的思考能力范围。

五、综合性提问法

综合性提问是指教师为培养学生综合性思维能力所做的提问。综合性提问要求学生发现知识之间的内在联系，并在此基础上利用已储备的知识进行分析、推理、综合等，最终得出结论与观点。由此可见，这类提问强调对内容的整体性理解和把握，并通过分析、归纳、总结，要求学生把原先个别的、分散的内容以创造性方式综合起来进行思考，找出这些内容之间的联结点，从中得出结论。

这类问题的作用是激发学生的想象力和创造力，通过对综合提问的回答，学生需要在脑海里迅速检索与问题有关的知识，对这些知识进行分析综合得出新的结论，有利于培养学生对已有材料进行分析，又从分析中得出结论的能力。借助这一类型的问题能够刺激缺乏独创精神的学生创造性地进行思维。但在开始时，学生的思维水平可能比较低，句子的组织结构、语言的表达等都可能存在着一定的问题，但经过逐渐的训练后，学生便能较好地完成。

【运用案例】

• 小学语文：进行《游园不值》教学时，"春色满园关不住，一枝红杏出墙来"一句是理解的重点，同时也是理解的难点，它是流传千古的名句，蕴含着深刻的道理。教师若只让学生联系前两句诗所提供的意境说出这两句诗的字面意思可能效果不好，学生就不会知道它流传至今的原因。但若就此诗句提问："读到'春色满园关不住，一枝红杏出墙来'时，你的脑海里出现怎样的情景？""这两句诗除了字面意思以外还有没有更深的意思呢？"就可能激起学生探究与思考的热望，他们通过丰富的想象，仿佛看到园内林木葱茏、繁花似锦、红杏灼灼、灿若云霞。从而进一步感受到任何新生的事物都是无法阻挡的，它们总会冲破阻力向前发展。这样的提问引导学生直接把目光投向文章的关键，不仅让学生领会了诗意，而且感悟了诗的意境，领悟了诗中耐人寻味的深刻哲理，同时培养了学生的阅读理解能力。

• 小学数学：教学"用数字 7、3、9 能组成多少个不同的两位数？"时，教师问：怎样才能做到"按顺序、不遗漏、不重复"呢？汇报后总结方法：先确定十位上的数，再确定个位上的数。通过综合性提问，引导学生分析比较，选择方法并进一步优化，体验思维的有序性，养成有顺序地、全面地思考问题的习惯。

• 小学英语：进行"Eating Habits"教学时，为了让学生形成健康的饮食习惯，对健康食物有清晰的概念，可以先结合食物金字塔让学生了解人体每天所需食物以及各自的量，然后教师提出问题："What food can we eat most everyday?""What food should we eat less everyday?"让学生结合之前的食物金字塔概念来对已学的食物词汇进行分类——哪些食物每天需要多吃，哪些食物是要少吃的？也可以先让学生回忆食物金字塔的内容，结合食物金字塔的概念进而对已学的食物进行归类；最后回答之前的两个问题。通过食物金字塔的导入，让学生了解人体每天所需食物以及各自的量，接受健康饮食的概念；然后才知道自己每天应该多吃点什么，少吃点什么。这样一步步地让学生更深入地了解如何做到健康饮食。

• 中学语文：在进行《陈太丘与友期》时，教师可提出辩论话题："学完了这篇文章，你认为谁的发怒更合理，你赞成谁?"通过综合性的提问，既完成了对全文思路的梳理，也让学生对文本的内容进行了拓展，可以直抒己见，并对文章主人公元方的行为有更全面的认识。

• 中学数学：进行《方程的根与函数的零点》教学时，教师在学生理解了"零点的存在性定理"的基础上，提出以下问题：求函数的零点有多少种方法，分别是什么呢? 通过总结性提问，引导学生回答，事实上零点的求法有两种：一是(代数法)求方程 $f(x)=0$ 的实数根；二是(几何法)对于不能用求根公式的方程，可以将它与函数 $y=f(x)$ 的图像联系起来，并利用函数的性质找出零点，这样使学生掌握了零点的实质，又培养了学生的概括能力，有利于学生思维的发展。

• 中学历史：进行《美国联邦政府的建立》教学时，为了说明美国政治制度的独特时，教师根据教材中的内容"人类千万年的历史，最为珍贵的不是令人眩目的科技，不是浩瀚的大师们的经典著作，而是实现了对统治者的驯服，实现了把他们关在笼子里的梦想。我现在就是站在笼子里向你们讲话。"提出以下问题："统治者是谁? 美国人民是如何驯服统治者(各种权力机构)，把统治者(各种权力机构)关在笼子里的?"这种问题情境的设置，对于此阶段的学生来说，难度适宜，不仅仅是引发兴趣，更重要的是深度思考，正所谓"一个问题统领全部"，以该问题为线索，可以把全部内容进行整合，既有辨析，又有概括，更有远瞻。

• 中学政治：进行《文化与经济相交融》教学时，谈到文化产业，教师可以从学生的兴趣点出发，提出以下问题："谈谈自己喜欢的动漫以及相关产业。"但要注意调控课堂，因为问题如果是学生特别感兴趣的话，有可能会难以控制，可提前设置选择小组讨论，还是独立思考等。

六、评价性提问法

评价性提问是指教师为培养学生判断能力所做的提问。它是一种要求学生运用特定的准则和标准对观念、作品、方法、资料等做出价值判断，或者进行比较和选择的一种提问方式。评价提问是最高层次的提问，目的是训练学生对人、事、物进行比较、鉴赏和评价的能力。学生在回答此类问题时，首先，需要运用所学内容和各方面的知识和经验，并融入自己的思想感受和价值观念，进行独立思考；其次，必须先设定标准和价值观念，再据此对事物做出价值判断和选择；最后，做出回答。评价性提问的内容主要有：

第一，评价他人的观点。

对观点、学说的价值加以评价。在讨论时，要求学生利用所学的原理对观点、学说进行分析与评价，并阐明自己的观点。

第二，判断方法的优劣。

要求学生对解决问题的方法的适宜性、优缺点进行判断。

【运用案例】

• 小学英语：进行"Good Manners"教学时，教师通过图片呈现，让学生对图片中的人物进行评价，并提出问题："Is it polite?"同时，教师在逐步呈现图片的过程中，让学生观察图片并针对自己的观点阐述图片，然后回答教师关于"Is it polite?"的问题。例如，呈现的图片是有人在排队等车，其中一人在插队，让学生先观察图片，然后回答问题。

• 中学语文：进行《离骚》教学时，教师会问："你认为屈原是否该死，能否不死？你如何评价屈原的死？"学生对"死与不死"的争论，可得出屈原"死"是"对君忠，对国爱"的一种体现，通过对人物的评价完成对文本中心的理解。

• 中学数学：进行《直线与圆》教学时，经常要求弦长。处理弦长问题时，很多学生会倾向于求交点 A、B，用点点距离公式再求弦 AB 的长。然而教师一般会引导学生利用平面几何关系，推导出圆中计算的弦长公式 $|AB| = 2\sqrt{r^2 - d^2}$。为使学生更深刻地认识到两种方法的优劣，一般教师会采用评价提问的方式：请同学们比较一下黑板上的两种方法，哪种方法更好？通过认真对比后，学生会发现弦长公式的便利和魅力。

• 中学英语：进行"作文"教学后，教师经常会提出问题，要求学生按照几个标准互评小组作文：一是审题如何？扣准题眼进行写作了吗？二是内容选择是否得当？三是行文是否清晰？点与点之间是否使用了衔接词？

通过评价性提问，引导学生重新审视自己的答题思路，并帮助学生建构自己的答题模型。

• 中学物理：进行初中物理"近视、远视的成因和矫正"教学时，教师通过实验讲解激光矫正近视的过程后，为了引导学生对激光矫正方法的反思，可提出以下问题："当你明白了激光矫视的原理之后，你会立刻选择此项手术吗？"最后总结学生的回答，通过以下话语"尽管宣传单上宣传得很吸引人，但是我们还要以清醒的头脑，通过网络查询或者咨询医生等方式，询问手术的风险或后遗症等，不能轻信他人的介绍，要做一个具有分辨能力的人。"以此来引导学生要批判性地接受信息。

• 中学生物：在进行完《检测生物组织中的糖类、脂肪和蛋白质》一节内容的实验原理部分后，教师可以提出以下问题："小红想利用西瓜为材料进行还原糖的鉴定，该做法是否可行？请说明理由。"该问题的设置，是检查学生对斐林试剂检验还原糖的原理和现象的掌握情况。学生评价做法是否可行，要从两个方面思考：一是西瓜中有没有还原糖；二是能否观察得到砖红色沉淀。如果学生能思考到这两个方面，也就达成该问题设置的目的。通过学生的回答，可以检验学生对知识的掌握情况和对于具体实验原理的理解和迁移情况。使用该方法时，重点在于做出评价的理由，而不只是评价的本身。

七、反诘式提问法

在教学中，当学生对于教师所提出的问题回答错误的时候，教师有时并不会直接纠正，而是提出问题进行反问，引导学生在回答问题的基础上步步深入，启发思维，自觉纠正错误，得出正确的答案。反诘提问法的目的主要是当学生的回答出现错误时，抓住错误的症结进行反问，以引起学生自我反省，及时发现错误，找出错因。有时学生回答正确，但为了加深学生对教师阐述的印象或者促进学生对问题的认识和教学内容的掌握，教师也会使用反诘提问法。这种方法可以引导学生从不同的角度思考问题，激发学生的探究兴趣，培养学生独立思考的习惯，提高学生分析问题和解决问题的能力。

【运用案例】

• 小学语文：进行《一夜工作》教学时，教师指导学生朗读课文。当学生读到"他是多么劳苦，多么简朴！"这句话时，情不自禁地加了个"啊"。面对这个生成，如果教师只是机械地告诉学生："记住，读书时不能添字。"那么该教师显然没有意识到这是个极好的生成资源，如不懂得追问，就不能帮学生厘清思绪，不能帮学生深入地理解课文内容，而导致课堂停留在表面，学生的探索不能引向纵深。要是教师这样追问："你为什么不由自主地加了'啊'字？你的崇敬之情从何而来？"学生在提问中就能梳理杂乱的思绪，明确自己内心的情感，受到情感的熏陶。课堂生成的主体是学生，生成的课堂是要让学生去获得深刻的感受，所以教师要有一定的教学机智，及时追问，促进生成。

• 小学数学：进行"35＋23＝?"教学时，先放手让学生去探索，在练习纸上试做；然后小组讨论：在写竖式时要注意什么？在竖式计算中，从哪位加起？小结：个位与个位对齐，十位与十位对齐，也就是相同位数对齐，先加个位上的数，再加十位上的数，也就是从个位加起。教师可以根据学生探索出来的不同算法来优化算法："刚才小朋友用了口算、小棒算及我们刚发现的列竖式算，这些算法中，你感觉哪种方法又快又准确呢？为什么很多小朋友都选择用竖式计算呢？（竖式的实用性）用竖式计算可以将两位数相加变成以前学过的一位数相加，使计算变得简单。"这种方法可以引导学生从不同的角度思考问题，强调"竖式的实用性"来激发学生的探究兴趣，培养学生独立思考的习惯，提高分析问题和解决问题的能力。

• 小学英语：进行"What Should Jiaming Do?"教学时，当学生听了怀特女士向家明的妈妈汇报家明最近在学校的学习状况后，让学生对家明现有的学习状况进行思考，在思考中教师提出问题："What should Jiaming do?"通过教师述说家明近期的学习状况，例如，Jiaming sleeps in class. Jiaming can't hand in his homework on time. Jiaming looks pale. 等问题，让学生思考，如果你是家明，你应该怎么做？让学生通过自省，反思对于教师反应的这些问题应该如何改进？这样可以让学生们达到换位思考的效果。

• 中学语文：进行《散步》教学时，教师可从反面提出一个问题：开头是否可以简洁为"我们一家四口去散步"呢？为什么？通过对题目的改动，反过来让学生思考原题目的好处，即原题目既是全文的线索，也是全文的中心事件，而且更简洁。

• 中学英语：进行"Module 5 Unit 2 The United Kingdom"教学时，教师给学生布置一个任务：Divide the passage(totally 6 paragraphs) into three parts. 根据这个任务，学生们必须要将文章的 6 个自然段按意思分组，并要探究段落之间的联系。有很多学生对文章逻辑没有细究，将第二段与第三段归属于不同的两部分。这时，教师反诘问：如果第三段是另起一段的话，开头的"To their credit the four countries do work together…"中的"their"指代的是谁呢？学生们一听，顿时领悟第二段与第三段之间的联系，正确划分了段落，也由此明白了以后的阅读中要对代词有足够的关注。

• 中学物理：进行"传送带上的物体，当物体的速度和传送带一起做匀速直线运动和受到摩擦力的情况"教学时（如图 2-2 所示），教师可采取反诘式提问："物体有没有受到摩

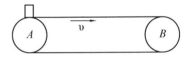

图2-2　传送带上物体的运动情况

擦力？（学生一般会回答受到）受到什么方向的摩擦力？（学生一般回答向右）如果物体受到向右的摩擦力，还能不能保持匀速直线运动？"通过反诘提问法，让学生否定一开始错误的想法，纠正原有的错误概念，从而帮助学生建立正确的物理概念。

• 中学历史：进行《明清君主专制的加强》教学时，关于明太祖废黜宰相胡惟庸，教师可提出以下问题："难道明太祖就仅仅是因为胡惟庸骄恣擅权吗？还有没有其他的理由呢？"引发学生的思考，继而引导学生明确废除宰相的真正原因。

八、铺垫式提问法

铺垫法就是教师在教授新知识或是解决一个主要问题时，可以让学生尝试着先完成一些准备性题目或是关键问题下设计的几个铺垫性题目，这样可以达到搭桥铺路的目的。当教师向学生呈现了一些难度较大或答案较

复杂的问题时，学生可能一时半会儿或一次难以回答上来，此时教师可以使用铺垫提问法，适当地降低问题的难度，化难为易、化繁为简，设计一些比较容易的问题提问学生。这样一方面可以使学生借助知识的回忆，沿着已有知识与未知知识之间的联系去寻找问题的答案，另一方面问题难度的降低还有助于增强学生的自我效能感以及解决问题的自信心，从而促使学生更好地掌握知识。

【运用案例】

• 小学语文：教完《四个太阳》后，有的教师这样提问："你想送世界一个什么样的太阳，为什么?"因为是一年级学生，一个"为什么?"学生没有知识背景产生联系，难度显然很大。结果，学生茫然不知所措，课堂一下子冷寂下来。有的教师考虑到学生的年龄特点和知识水平，就设计了这样一个问题："我想画一个_____的太阳，送给_____。"学生们开始跃跃欲试，课堂气氛异常活跃。实践证明，切合学生与课文的实际、循序渐进的教学提问，有助于点燃学生思想的火花，掀起情感波澜，调动其学习的积极性与主动性，提高课堂的教学效率。

• 小学数学：进行《加、减法的笔算》教学时，可用填空进行铺垫孕伏：(口头汇报)24 的 2 在（ ）位上，表示（ ）个（ ），4 在（ ）位上，表示（ ）个（ ）；2 个十和 1 个十合起来是（ ）个（ ）；86 是由（ ）个十和（ ）个一组成的。这些题我们也可以写成竖式，用笔算，从这节课开始我们就学习加、减法的笔算。使用铺垫提问法，使学生借助知识的回忆，沿着已有知识与未知知识之间的联系促使学生更好地学习新知识。

• 小学英语：进行"What Season Do You Like Best?"教学时，教师提出第一个问题：How many seasons are there in a year? 让学生回忆已学的季节词汇；然后教师再提出第二个问题：What season do you like best? 让学生结合季节的特点，说说自己最喜欢的季节。教师结合学生的喜好和之前的问题——一年中有四季，让学生回答最喜欢的季节，通过问题起到层层铺垫的作用。

九、核心提问法

教学中的不少重难点，都需要分成几个步骤才能解答清楚。而核心提问法的运用就是为了凸显教学重难点而设计的提问，目的在于帮助学生明确重难点的学习。学生根据这个重点，找到课文中的关键内容，加深理解，牢固掌握。这种提问，一般第一步要提出导入性问题；通过师生间的问答，从而引出第二步——核心性提问，核心性问题一般以一至两个为宜；第三步是补充性提问，目的是为了更深地理解核心性提问的内容。但如果学生根据核心性问题已经突破重难点的学习，那么教师就不必再设置补充性提问了。运用核心提问法，由浅入深、逐步引导，在问与答的间隙中，为学生留下更多思考、理解的余地，便于逐步地消化所学的内容。这种提问法有助于培养学生思维的条理性和逻辑性。

【运用案例】

• 小学英语：进行"What Are the Biggest Animals in the World"教学时，教师围绕核心问题"Blue whales are the biggest animals in the world."依次提出 3 个相关问题："What are the biggest animals on land? What are the biggest animals in the world? Which is bigger，the elephant or the blue whale?"学生在问题的引导下，自主得出结论：蓝鲸是世界上最大的动物。

• 中学英语：进行高中语法的难点"非谓语动词"教学时，为了让学生更清楚这一语法，教师分两个问题引导："何时使用非谓语动词？如何正确使用非谓语动词？"学生弄清楚了这两个问题之后，基本上就把非谓语的基础知识厘清了。

• 中学化学：进行"探究氢氧化钠的变质"教学时，教师围绕学习内容设计了 3 个核心问题："为什么久置后的 NaOH 溶液有可能变质？如何检验 NaOH 溶液是否变质？这瓶 NaOH 溶液变质的程度如何？"通过上述三个问题，实现相应思维的跨越，对学生的跳跃性思维进行培养，从而注重知识"面"上的相互联系，灵活地处理问题。但问题的设置应由易到难、由小到大、由简到繁、由具体到抽象、由已知到未知，步步推进，层层深入，逐渐接近问题的本质，实现设问过程的"梯度"，帮助学生逐步建立知识系统，培养学生知识的迁移能力。

• 中学地理：进行《内外力作用》教学时，教师利用"2014 年假期云南鲁甸地震"发生事件，充分调动学生对社会时事关注的经验和学生在初中已有的相关"地震"学习的经验，让学生观看"云南鲁甸 6.5 级地震"视频，激发学生学习本节知识的好奇心和欲望，并提出核心问题："为什么云南鲁甸会发生 6.5 级地震？"学生围绕这一核心问题，就需要了解"内力作用"的相关概念与地震产生的机理。在此基础上，教师再提出补充性问题："内力作用是如何影响地表形态的？当地震发生时我们应该怎么办？"学生在对核心问题与补充性问题的解决过程中，已经较好地理解了内力作用的相关知识。

十、想象提问法

想象提问法就是教师在提问时并不局限于学习内容，而是根据学习内容，让学生想象地提问，从而激发学生的思维活动，加深学生对学习内容的理解。此外，教师也可以让学生结合自己的实际生活经验对比较抽象简略的学习内容加以想象发挥，或进行设身处地的具体描述，进而帮助自己理解和更好地同化新知识。例如，一位教师在讲《乡下人家》这篇课文时，她提出这样一个问题："如果是居住在城市里的人们，他们吃晚餐时是怎样的场景？"这位教师为了帮助学生更好地理解课文内容，让学生就城市人晚餐图展开丰富的想象，使课文表达的思想主题得到进一步升华。这样的提问，不仅强化了学生的思维活动，而且还使学生在学习过程中得到积极的情感体验。然而，教师在使用这类提问法时必须注意以下两点：第一，设定的问题必须具有针对性，想象并非思维的天马行空，而是具有一定的方向性；第二，设定的问题必须贴近学生的生活实际或是基于学生的"最近发展区"，问题如果远离学生的生活实际或是超出学生的能力范围就毫无意义。

【运用案例】

• 小学英语：进行"Monkey King"教学时，让学生想象"What does the Monkey King look like? What does he have? What can he do ?"教师首先让

学生想象猴王是什么样子的；其次让学生想象猴王手里拿着什么东西——魔法棒；最后让学生结合猴王的样子和手里拿着的东西想象猴王能做什么。学生通过问题一步步想象后就基本掌握了课文的内容。

• 中学英语：进行"Module 5 Unit 3 Life in the Future"教学时，教师展示了人们千百年来生活各方面的巨大变化，并抛出问题"How will be people's future life？"通过提问，激发了学生们的无限想象和热烈讨论，从而更好地引入了课文。

• 中学历史：进行《经济危机的社会影响》教学时，教师创设一个情境：面对经济危机，如果你是当时的人，你觉得自己的生活和工作状态会怎样，你有什么想法？显示出当时企业破产、工人失业、银行倒闭等现象。学生通过想象当时的场景，感受真实的经历。

• 中学地理：进行《气压带和风带》教学时，学生在脑海中建立了"在地表均一的情况"下，大气环流和全球气压带与风带的空间模型后，教师指导学生想象：沿东经110度由北至南低层大气环流形势是怎样的？学生在"大气环流"和"全球气压带与风带"图上，运用对比分析的方法，判断出东经110度经线所经过的大洋(北冰洋、太平洋、印度洋)和大洲(亚洲)的气压带风带的位置、名称、风向、成因，在脑海中建立新的"大气环流"和"全球气压带与风带"的空间模型。教师再要求学生想象：当太阳直射点随着季节的变化而发生变化而变化时，"大气环流"和"全球气压带与风带"的空间模型又是怎样的？学生在脑海中创造出新的"当太阳直射点随着季节的变化而变化时，沿东经110度经线"的"大气环流""以极点为中心的半球大气环流"和"全球气压带与风带"的空间模型。在此空间模型的基础上，教师要求学生：由北至南画出东经110度经线的一月和七月的气温与降水变化曲线。学生根据此图，建立了新的"沿东经110度经线一月和七月的气温、气压带风带、降水量的关系"的空间模型。学生根据这一新的空间模型，可以更好地判断该经线自北向南的极地气候、亚寒带针叶林气候、温带季风气候、亚热带季风气候、热带季风气候、热带雨林气候等各种气候类型，并能根据"沿东经110度经线一月和七月的气温、气压带风带、降水量的关系"的空间模型，分析各种气候类型的分布、特征和成因。学生通过创造能力培养的教学过程后，在脑海中想象创造出新的空间模型，不仅拓宽了知识视野，而且还进一步加深了对知识点的理解。

十一、对比提问法

对比提问法也是课堂教学中教师常用的提问方法之一。对比式提问法是指教师将相互联系或容易混淆的概念或学习内容加以对比而进行的提问，其目的是使学生能够辨别事物间的联系与区别，并通过区分事物间的异同更好地理解和掌握知识，从而更有效地实现教学目标。著名教育家乌申斯基曾说："比较是一切理解和思维的基础，我们正是通过比较来了解世界上的一切的。"[1]在教学中使用对比式提问法不仅有助于突出教学的重点，突破教学的难点，还有助于防止学生混淆知识，提高学生辨别能力，从而让学生更好地掌握知识。

【运用案例】

• 小学英语：进行"What Are the Biggest Animals in the World"教学时，由于要说明蓝鲸是世界上最大的动物，因此用了对比法，用其他动物与蓝鲸对比，从而引出蓝鲸的大小、重量，最后得出结论——蓝鲸是世界上最大的动物。教师向学生提出以下问题"Which is bigger, a blue whale or an elephant?"并让学生结合自己的常识判断——到底是蓝鲸重还是大象重？然后，引导学生比较大象和蓝鲸的大小、重量，从而得出结论。通过恐龙与蓝鲸的对比，对比的内容包括大小、重量等，更加证实了蓝鲸是世界上最大的动物。恐龙是孩子们喜欢的动物，用孩子们喜欢的动物与不常见的动物——蓝鲸进行比较，学生的印象更深刻。

• 中学语文：进行"文言文"教学时，教师可以投影一些字的错误写法、读音或解释，让学生进行纠错，这样学生会对容易出错的字词记得更加准确。例如，在进行《审丑》一文的阅读时，其中一道题：根据小说内容，简要概括曾大爷的形象特点。然后展示学生的答案：

---

① 龙冰. 如何让学生会学习[M]. 南京：江苏教育出版社，2012：78.

"从曾大爷为儿子娶媳妇和买家具的细节，描绘出一个甘愿牺牲、不顾人们眼光极力维护儿子形象的 伟大父亲形象 。"

"曾大爷是一个贫穷孤独、老实厚道、生活俭朴、溺爱孙子、 爱面子 、 自欺欺人 的老农民。"

"曾大爷是一个疼爱孙子、勤劳能干、 能屈能伸、思想单纯、略带虚伪 的孤独老人形象。"

"曾大爷是一个爱孙子，烂得水汲汲的眼，走路颠颠簸簸， 画技高超 、穷困潦倒的老人形象。"

"身体不好，疼爱孙子，吃苦耐劳。"

并让学生逐一找出每个答案中错误的地方。通过找错，学生印象会更深刻，也明白了自己错在哪里。

• 中学数学：完成《等比数列》教学后，教师设计了这样具有比较性的问题："等比数列的通项公式推导方法和等差数列的通项公式的推导方法有什么相同与不同呢？等比中项和等差中项的性质相同吗？等比求和公式和等差求和公式的推导方法分别是什么？"设计这一连串的问题，使得学生在回答问题中，有意识地对已学的知识进行对比，对不同公式的特点记得更加深刻，也能提高学生的数学素养，使他们懂得用类比问题的眼光看待知识间的联系。

• 中学英语：进行"一般现在时"教学时，为了让学生们能更好地了解这个时态的特点，教师让学生们对比两个句子："Student A's father made a lot of money.""Student B's father has made a lot of money."然后问学生：Who is richer, student A or B? 学生经过对比，立刻就知道 student B 更富有，因为使用了现在完成时。

• 中学物理：进行初二物理《力》中"相互作用力"教学时，教师可采取表格对比法提问：区别一对作用力与反作用力和一对平衡力的时候，对比受力物体的个数，作用时间的长短，性质是否相同，等等。通过表格对比（如表 2-1 所示），可以辨析两组容易混淆的相似概念，从而帮助学生建立正确的物理概念。

表 2-1　一对相互作用力和一对平衡力的比较

力	受力物体的个数	作用时间长短	性质是否相同
一对相互作用力			
一对平衡力			

• 中学生物：在完成"激素调节的特点"教学后，教师通过对比式提问，增强知识点之间的辨析和区别，可提出以下问题："酶、神经递质、激素这三者在产生的细胞、发挥作用方式或途径、发挥作用后的活性有什么不同?"通过这个提问，结合列表的方式，可以将与这三者有关的易混知识点进行比较，也是对新学知识(激素调节的特点)进行巩固。但使用该方法时，应落脚于有可比性的易混点和考点，这样对比才能明显有效。

• 中学历史：进行《以美国为主导的资本主义世界货币体系的建立》教学时，为了让学生更加透彻地了解历史背景，教师可以提出以下问题："美国想在战后的世界中处于主导地位，于是就积极斡旋；二战后资本主义国家吸取教训，为了重建稳定机制，而主张建立新秩序；此时恰好西欧衰落，美国实力上升，美国是如何接过指挥棒的?"通过对比二战后美国与西欧的实力，为本课内容铺垫基调。

• 中学政治：进行《文化与经济相交融》教学时，教师可以提出以下问题："中国动漫产业与日本、欧美动漫产业的特点与差异是什么? 如何才能提升我国的文化产业?"但要注意，学生可能会在对比中缺失文化自信，教师可提前准备中国动漫产业的进步事例，引导学生树立文化自觉与自信。

十二、检查性提问法

在课堂教学中，教师常用的提问方法还有检查性提问，即为了检查教学效果或学生对知识的掌握情况而进行的提问。这类问题设置的目的在于了解学生的学习情况，发现学生学习中存在的问题，从而采取相应的教学措施，查漏补缺、扫除知识盲点。这类提问可用于了解学生对旧知识的记忆和掌握情况，也可以了解学生对新知识的学习情况，获得反馈信息，以便根据需要及时调整教学内容和教学进程。

【运用案例】

• 小学语文：进行《长城》教学时，教师针对关键句"这样气魄雄伟的万里长城，在世界历史上是一个伟大的奇迹"来设计问题："什么是奇迹？为什么说长城在历史上是一个奇迹？"学生通过读文、讨论，联系上下文分析理解了长城不只因为其高大坚固是一个奇迹，在没有吊车、起重机的情况下，就靠无数肩膀、无数只手修建而成，它凝结了古代劳动人民的血汗和智慧更是一个奇迹。如此读、思、议，学生不仅了解了万里长城，更会油然而生一种民族自豪感，教学重难点也就突破了。

• 小学数学：进行《加、减法的笔算》教学时，教师可归纳小结"笔算减法时应注意些什么？"与笔算加法的道理一样，相同数位对齐，从个位减起。在课堂教学中，检查性提问可以更好地了解学生对旧知识的记忆，以便及时掌握学生的学习情况。

• 小学英语：进行"Magic Words"教学时，在学习完整篇课文后，教师为了要检查学生是否理解了课文，掌握了课文的主要内容，提出问题"What are the magic words?"引起学生的思考。学生结合课文的内容，回答："'Thanks' and 'Please' are the magic words."通过问题"What are the magic words?"引起学生的思考，回忆整篇课文，加深对课文的印象，最后理解本课的主要内容是"'Thanks' and 'Please' are the magic words."最终，使得学生掌握了本课的内容。

• 中学语文：在进行《山中与裴秀才迪书》教学时，直接要求学生对第一段进行断句朗读：近腊月下景气和畅故山殊可过足下方温经猥不敢相烦辄便独往山中憩感配寺与山僧饭讫而去。通过朗读断句的正确与否，判断学生对内容的掌握情况，同时抽查学生对"猥不敢相烦""憩感配寺""饭讫"等词的翻译，明确学生对词语的掌握情况。

• 中学化学："常见的酸和碱"的教学中关于酸碱指示剂的知识，可以从酸碱指示剂的实验，简单地反映酸和碱能与指示剂反应并显示不同的颜色，从而说明酸和碱作为不同类物质具有不同的性质，使学生对酸和碱有一些初步的认识，会用酸碱指示剂区分酸和碱，并通过活动与探究，学生能够用花瓣、果实自制酸碱指示剂，并试验它们在酸碱溶液中的颜色变化，使学生感到化学知识和生活实际是紧密相连的。所以，在教学中可以做如下的提问，检查学生对前面知识的掌握，以及顺理成章地引出本课题的知识。例如，问题1：在生活中，你接触过、听说过哪些酸和碱？学生答：酸有醋酸、盐酸、硫酸、硝酸、果酸，碱有石灰水中的溶质、氢氧化钠。问题2：我们如何确定这些物质是酸还是碱？请同学们回想，二氧化碳通入紫色的石蕊试液中，溶液颜色有什么变化？是什么物质使溶液改变了颜色？学生答：溶液由紫色变成红色；二氧化碳溶于水生成了碳酸，是碳酸改变了溶液的颜色。问题3：根据以上知识，试讨论确定物质是酸还是碱的方法。学生答：取各物质的溶液各少量，分别滴入几滴石蕊试液，若试液由紫色变为红色，则被测溶液是酸溶液，否则为碱溶液。

• 中学生物：进行"有关蛋白质的功能"教学时，教师可以提出以下问题："蛋白质功能具有多样性的直接原因是什么？"学生回答后追问："蛋白质结构多样性的直接原因是什么？"通过上述两个问题的先后设置，一方面，检查学生对蛋白质结构多样性的原因这一知识的掌握情况，建立蛋白质的结构和功能的有关知识的联系；另一方面，贯穿生物学基本观点"结构决定功能"。

• 中学地理：进行《澳大利亚》教学时，教师呈现案例：据统计，澳大利亚有植物12000种，其中有9000种是其他大洲所没有的，占植物总数的75％；有鸟类650种，450种是特有的，占鸟类总数的69％。全球有袋类动物150种，南美洲只有几种，大部分都分布在澳大利亚。澳大利亚的特有生物，是在地球演化过程中保留下来的古老生物种类。在今天看来，它们虽然显得有些原始，但是却成为人类研究地球演化历史的活化石。澳大利亚也因此被誉为"世界活化石博物馆"。然后要求学生思考以下问题：这段文字说明表述了澳大利亚的特有生物数量和种类是多少？为什么澳大利亚被誉为"世界活化石博物馆"？为什么只有在澳大利亚才有如此多的古老生物？请用大陆漂移学说解释。通过检查性的问题，教师可以较好地了解学生对"澳大利亚古老的生物及其独特性、成因"的掌握程度，并针对学生的学习状况与存在的问题及时进行反馈调控。

综上所述，课堂提问是课堂教学的重要组成形式，是实施目标教学的重要手段。优化课堂提问，是素质教育的需要，也是启迪学生思维的重要途径。教师在教学过程中不应局限于某一种提问法，而是应该根据不同的教学时机以及教学需要灵活地使用各种提问法，从而激发学生的学习兴趣，唤醒课堂的活力。

第三章　语言的技能

【故事情境】

　　有位学生上语文课看小说，教师没收了他的书，命令他站到最后一排，并说："你不爱学语文，爱看小说，那么你就站在那里看个够吧!"从此这位学生就不喜欢上语文课了，语文成绩也开始下降。类似这种用语言来数落、讥讽、当众羞辱学生的情况，在中小学时有发生。教师说话不注意，造成了师生之间的隔阂，影响了教学效果，更严重的还使学生郁郁寡欢，给学生造成精神创伤。

【我的思考】

　　结合故事情境，你认为教师在面对学生的学习时应怎样使用语言？这些语言的使用会对学生的情感造成怎样的影响？

第一节　语言技能的概述

　　语言，有口语和书面语两种形式，语言能力包括说的能力——口才和写的能力——文才，二者不可偏废。然而，中国几千年的传统教育只重视书面语而忽视口语。所谓"一篇文章定终身，三篇文章定天下"，口语从未列入教学内容和考试范围，因而致使许多受教育者语言能力发展失调，口语表达能力明显偏低。这种教育，小而言之，限制了个人才能的充分发挥；大而言之，限制了整个民族素质的提高；仅就教师职业言之，则直接影响了教学质量和教育事业的发展。

一、语言表达的内涵和意义

苏霍姆林斯基在谈到教师的素养时指出："教师的语言修养，在很大程度上决定着学生在课堂上的脑力劳动的效率。"优秀的教师语言的魅力就在于它能够在教学过程中化深奥为浅显、化抽象为具体、化平淡为神奇，从而激发起学生学习的兴趣，引起学生的注意力和求知欲。优秀的教师语言还可以使教师对学生的德育工作显示出极大的艺术，从而产生强大的征服力量，而不是枯燥的说教和耳提面命。

许多优秀教师的教学之所以能给学生留下终生难忘的美好印象，除了丰富的知识外，纯熟、优美的口语是一个重要原因。例如，上海特级教师于漪的许多学生都说："听于老师的课简直是一种艺术享受。"魏书生老师的学生也说："魏老师每堂课都给我们打开一扇新的通向世界、通向未来的窗口。"这些评价，均可以说明教师语言的作用和魅力。

何其芳曾这样回忆他的两位哲学老师："我们那位教康德和黑格尔的教授，在国外曾获得博士学位。他每次讲课，必定从头到尾把康德和黑格尔的著作静心再读一遍。然而他却无法把他的课教得让人可以听懂。在课堂上他总是翻着康德和黑格尔的书，东念一段，西念一段，然后半闭着眼睛，像和尚念经似地咕噜起来，要抵抗这种催眠术是很困难的。我们另一位教中国哲学的教授，他的讲义倒是事先写好的。上课的时候，总是拿着稿子一句话念两遍，要大家静静坐着默写。上这样的课实在太闷了，所以我就有计划地缺课，准备缺到不至于被取消学籍为止。"

这两位教授都颇有学问，也不乏"师德"，讲课很认真，但效果却很差。可见，教学的成败，并不仅仅取决于教师学问的多少，教师的语言表达技能也起着关键的作用。

(一)语言表达的内涵

《学记》中就曾提出"其言也，约而达，微而藏，罕譬而喻"，就是要求语言简练而清楚，既要精细又要体贴。教师的语言表达，除需遵循一

一名优秀教师，应具备哪些语言技能？

般的语言要求外，还要具有教育工作者的特点。比如，在日常教学活动和师生交往中，要求教师的语言不仅要简洁、生动、准确、清晰、通俗，而且还要富有一定的情感性、幽默性、节奏性和穿透力等。一般来讲，教师语言表达的内涵主要包括以下两个方面。

1. 抑扬顿挫的语调

美国心理学家赛门斯说："在教师的许多特性中，声调占着一个重要的地位。从根本上讲，声调并不是教师的技能和设备中的一个重要部分，但是一种不好听的或低沉的声调很可能会阻碍教师事业的成功。有时教师的失败，一方面，是由于他的声调太弱，学生听不清他的话，而他也不能用他的声调来控制学生的注意；另一方面，有些教师的声调如粗糙的晨号声，听着就非常刺耳。"因此教师在讲话时必须注意语调的变化，并以此来控制学生的注意。魏巍的那篇《我的老师》里所写的蔡芸芝先生，"爱用唱歌的音调教我们读诗"，那"圆天盖着大海，黑水托着孤舟"的诗句，不但至今还能背诵，还记得她读诗的音调。那是一种什么样的音调呢？竟至于使人终生难忘，并对他接近文学、爱好文学产生了有益的影响？这唱歌的音调应是一种抑扬顿挫的音调。鲁迅笔下寿镜吾先生的语调也是抑扬起伏、高低有致的。而有的教师，一开始讲话声调太高，到后来就只好声嘶力竭地"叫话"了；有的教师声调缺少变化，过于平板，给人一种昏昏欲睡的感觉；还有的教师声调过于低沉，学生听起来费力，容易分散精力。

2. 快慢适中的语速

在教学中，教师的主导作用主要就是通过教师的言语点拨来实现的。教师讲话的速度太快，就会导致学生对概念、定理、法则的理解模糊或错误。在教育过程中，如说服、讨论、表扬、批评等，教师讲话的速度太快，也使

学生感到不够亲切、耐心。教师讲话的语速快慢应适中，而且宜慢不宜快。

著名历史学家尚钺这样记录着他听鲁迅先生上课时的感受："他的语言，虽然还有点浙江绍兴的语尾，但由于他似乎怕有人误解而缓慢清晰的字音，和在用字方面达到人人能懂的词句，使全教室在整个时间中都保持着一种严肃的静穆。"汉斯·坦奈回忆他对爱因斯坦在苏黎世大学讲课的印象时，说他"语速缓慢"，边思索边讲，他讲课的内容是来自个人脑海的，听众成了他思维活动的目击者了，他"以这种独特的讲授方法征服了我们的心"。

由此可见，语速宜慢的确是教师语言的一个特色。这样的语言便于创造某种意境，渲染某种气氛，使听众入情入境。语速略慢的语言，便于展现说理的思路，留下思考的余地，使听众忘了自己的存在，而完全被说者精辟的思想和见解所征服。可惜的是，有的教师一味地赶进度，说话像连珠炮，殊不知急风暴雨式的连珠炮，无异于疲劳轰炸呀！

(二)语言表达的意义

教师的课堂教学语言是教师传递教学信息的媒介，是学生获取知识、提高能力的桥梁。在师与生、教与学之间，信息的互相传递多数是凭借语言为中介来进行的。教师传授的知识能否被学生所理

> 为什么教师的语言对课堂教学的效果非常重要？

解，关键在于他能否把人类所积累的知识通过语言转化为学生可接受的信息。对于教师而言，没有任何一堂课能离开语言去表达教学内容或组织教学。教师的语言表达，对于学生知识的接受、智力的开发、能力的培养、心灵的启迪、情操的陶冶都起着重要的作用。有人说语言"不是蜜，但能粘住一切"。对于教师来说，掌握语言工具，有效地发挥它"粘"的作用，尤为重要。

教学语言是教师用于课堂教学的工作用语。它是教师在课堂上根据教学任务，针对特定的学习对象，使用规定的教材，按照一定的方法，在有限的时间内，为达到某种预期的效果而使用的语言。课堂教学语言是"科学严谨的书面语言和灵活生动的口头语言的高度统一"。但凡讲课受到欢迎的

教师，其语言表达都充满了科学性、逻辑性、生动形象性、富有启发性和幽默风趣。

正因如此，孔子、夸美纽斯、杜威、赫尔巴特等教育界的泰斗们，无一不对教师的语言艺术在教学中的重要作用给予充分的肯定和极高的评价。无论是满头银发的老教授，还是初出师门的新教师，无一不在追求着教学语言表达的完美。苏霍姆林斯基说："教师的语言是一种什么也替代不了的影响学生心灵的工具，教学的艺术首先是说话的艺术。"他还说："你时刻也不能忘记，你施加影响的主要手段是语言，你是通过语言去打动学生的理智与心灵的。然而，语言可以是强有力的、锐利的、火热的，也可以是软弱无力的。"

古人云："工欲善其事，必先利其器。"这句话也可以理解为：教欲善其事，必先敏其言。课堂里教师的语言，可以成为萌发学生思维的春风，也可以成为凋零学生思维的秋霜。机智的一语点拨，可以让学生的思维如久壅顿开的泉水汩汩流淌；一句轻声的责备，也可以熄灭学生思维的火花。因此，教师课堂上的每一句话，乃至每一个词都要"出言谨慎"，反复推敲，不仅要加大"含金量"，准确、深刻、有哲理，而且要增多"糖分"，亲切、自然、如话家常，因为教师的教学语言表达能力的高低，往往直接影响着学生的学习效果。

但在教学中，我们常会看到这种现象，教师备课仔细认真，讲课也很卖力，语言也较简洁准确，但学生就是不爱听，课堂效果与教师的努力程度不成正比。这是由于教师这一职业很独特，它不仅需要很多扎实的基本功，还需要有丰富的语言表达能力。著名教育学家夸美纽斯这样说："教师的嘴，就是一个源泉，从那里可以发出知识的溪流。"这句话，隐含了教师语言的重要性。我们都有这样的体会：听一堂好课，就像观赏一幅名画，令人心旷神怡；又如欣赏一首名曲，虽已曲终却余音在耳，而学生则犹如被磁石吸引住一般，写在他们脸上的充实和满足的神情，充分显现了教师语言的魅力。语言对教师教学是如此的重要，所以，提高语言素养是每个教师必不可少的。

教师在长期的课堂实践中，发现了很多典型的问题，如课堂评价语言随意化、课堂教学语言术语化、讽刺性语言伤害学生自尊、教师语言没有童趣等。细细品味，我们不难发现，这些问题曾经或多或少地困扰着我们的课堂，也让很多精益求精的教师感到困惑：怎样才能提炼课堂语言，怎样才能提高自己的语言魅力，怎样才能使我们的课堂永远吸引学生呢？

二、语言表达的原则

(一)教师语言要讲普通话，具有规范性

作为一名教师，不仅要求会说普通话，还要符合语言的规范性，不仅要发音标准、吐字清楚、用语准确，还要修辞恰当并符合语法规律，以防止各种语病的发生。所以，教师在传授知识时，如果语言不符合规范，就不容易把概念交代清楚，就达不到"传道解惑"的功能。另外，教师的语言又是学生的榜样，对学生今后人生和事业的发展影响很大，因此，不论是课堂教学的客观需要，还是从纯洁民族语言的角度上讲，教师的语言都必须规范化。

(二)教师语言要准确明晰，具有科学性

作为一名教师，要想上好一堂课，或想给学生解释一个问题，就要求在上课时要善于用周密的语言和精确的词汇去表达概念或阐述定理公式，进行分析综合、推理判断，使学生能够听得懂、学得快、理解得深。要达到这一目标，首先必须要求教师的语言表达具有一定的科学性。因为，教师所教的各门学科，不论是自然科学，还是社会科学，都是科学知识，而学生所接受的也应是准确无误的科学知识，要做到这一点，就必须保证师生交流媒介——语言表达的科学性。科学的语言应当是周到严密、含义明确、措辞精当、不生歧义的准确语言，只有这种科学的语言才能给学生以清晰的正确认识。

(三)教师语言要简洁练达，具有逻辑性

有人说，一名优秀教师的语言应当像剥竹笋似的，虽然层层叠叠，但却非常富有层次感。所以，教师的语言表达要简洁明快、干净利落，既准

确又干练，句句连贯、层次分明，具有内在的逻辑力量和高度的概括水平。只有这样，才能较好地启迪学生的思维活动，达到事半功倍的效果。所以，教师的每一个问题、每一个字都要紧扣教材中心，起到应有的作用。为此，对教材进行书面加工、提炼、斟酌，尽量用最简洁的语言表达最复杂的内容，用最明快的语言表达最丰富的内涵，这也是语言逻辑性的内在要求。

(四)教师的语言要生动活泼，具有形象性

所谓语言上的形象性，就是要求教师在上课时的用语要新鲜活泼、生动形象，将抽象的概念具体化，枯燥的知识趣味化，深奥的哲理形象化，使学生"如临其境""如见其形""如闻其声"。客观上看，运用富有趣味的语言讲授，能够引起学生的直接兴趣，并可在趣味之中完成向学生揭示科学概念的全过程，从而使学生能够听得进、记得牢。因为流畅生动的语言是思维的外衣，是打开学生心灵、挖掘学生智慧宝藏的"金钥匙"。众所周知，形象生动的语言必须具备思维的优良品质，如思维广阔、深刻、灵敏等，同时又必须掌握适当数量的词汇以作为提高语言表达能力的补充，否则，语言教学的形象性也就无从谈起。

(五)教师语言不呆板，具有幽默感

实践证明，一堂优秀的教学课，除了具备有情、有趣、有形的特点外，还必须具有一定的幽默感，使教师讲课活泼、不呆板。学生学时有乐趣、有劲头、有效果，因为语言幽默、不单调的教学是活泼的教学，而幽默的语言又是形象教学的最基本的教学技术，能提高学生们对学习的兴趣，也可以促使教学质量朝深层次发展。实践证明，幽默的语言容易使学生愉快，也最能开启学生的智慧。

(六)教师语言要有情感，具有穿透力

有情感的语言，能激发学生的学习热情，能激起道德情感的共鸣。有时慷慨激昂，有时心平气和，使学生在庄重的语言中感到激动，在流动的语言中体味宁静，在几秒钟的静寞中领会出千军万马欲待出征的意境。这

种情感的作用，主要是使教师的语言情感能流露得坦率明朗，以达到最佳的教学效果，所以教师语言的表达，最忌言之无物的空话、套话、矫揉造作、故弄玄虚、八股式的陈词滥调，因为这些语言的表达方式，也最容易给学生以单调刺激，使大脑神经进入抑制状态，反而会引起学生感情上的不快，自然也不能取得预期的教学效果。

(七)教师语言要抑扬顿挫，具有和谐性

一般地说，课堂语言应该声音洪亮，吐字清晰，咬字准确，发音规范，说话速度快慢适宜，语调应当平直自然。有时，教师还要根据讲授内容的特点和表达上的感情需要，使自己的语言频率和节奏有快有慢、有高有低、抑扬起伏、错落有致，给学生留有一定的思考间隙。要达到教学语言的和谐性，就必须注意对语调加以控制，因为语调是影响教学效果的一个极其重要的因素。除此之外，为了使教师的语言表达富有成效，达到完美和谐的境界，教师还要善于把语言行为和非语言行为融合起来，以加强语言表达的感染力。

总之，教师语言表达能力的强弱对一堂课的好坏有着非常重要的影响，而教师语言表达能力的提高也非一日之功，需要在今后的教学活动中，不断地进行探索，日臻完善起来。著名语言学家赞可夫在描绘教师的语言表达时，有过一段极其精彩的论述，他说："要知道，人说出来的话不单是靠它的内容来激发对方的思想和感情的。这里有交谈者一副兴致勃勃的面孔，有一双一忽儿在科学的丰功伟绩面前燃烧着赞美的火花，一忽儿又好像在怀疑所做结论的正确性而眯缝起的眼睛，有表情，还有手势。"若想达到赞可夫所说的语言表达的底蕴和效果，就要求我们的教师不仅要有丰富的词汇储备，掌握语法的规律，而且还要有一定的逻辑学、语言学、心理学和教育学的修养，并在此基础上不断地训练，不断地提高。只有这样，才能使教师的语言表达达到一种"妙语连珠、沁人肺腑"的最佳教学效果和教学氛围。

> 教师在课堂教学中应如何用语言表达自己的情感？

第二节 语言技能的方法与运用案例

《学记》有载："善歌者，使人继其声；善教者，使人继其志。其言也，约而达，微而臧，罕譬而喻，可谓继志矣。"明确提出了语言在教学中的作用及要求。苏霍姆林斯基也曾鲜明而深刻地指出："教师的语言修养在极大的程度上决定着学生在课堂上的脑力劳动的效率。我们深信，高度的语言修养是合理地利用时间的重要条件。"也同样体现了语言在课堂教学中举足轻重的作用。

语言是交流的思想工具，是教师向学生传播知识信息的载体和重要的媒体。教师的口头语言主要是指教师通过口头形式表达的语言，口头语言表达的能力是教师从事教育教学的基础，是教师必备的语言能力之一。在课堂教学中教师口头语言的表达方式和质量，直接关系到学生的听课效率和教师的教学质量。一堂成功的课，教师应声情并茂，用自己引人入胜的语言，引领学生步入知识的殿堂，遨游于知识的海洋，激起学生强烈的求知欲望，促使学生主动积极地去汲取知识的营养，构建他们美好的内心世界和高尚的人格修养。而要达到这个境界却不是一朝一夕之事，必须要靠平时的学习积累和实践，进行长时间的培养。

语言表达能力是一个人与他人交流思想感情的能力。教师是传播文明的使者。因此，语言表达能力是教师劳动的特殊工具。教师要把书本知识、教学信息、自己的思想和教学的要求传授给学生，主要通过语言表达。可见，语言表达能力对于教师来说有着多么重要的意义。语言表达能力既是一种技能因素，又是一种智力因素，因此，教师应重视语言表达能力的培养。

一、教师的语言表达能力与教学

教师上课主要凭语言表达来进行，因而教学效果如何，在很大程度上依赖于教师的语言表达能

> 教师应如何用语言表达来提高课堂教学的效果？

力。具体而言，教师的语言表达能力在教学中有以下四点作用。

(一)语言表达在教学中的媒介作用

教学过程是一种特殊的认识过程，其主要表现是认识的间接性，即由教师通过语言表达来把人类创造的知识财富传授给学生。因此，教师的语言表达在教学中就起着重要的中介作用。教师通过语言向学生传授知识，而学生通过教师的语言表达来系统地把握、透彻地理解书本知识。教师只有具备一定的语言表达能力，才能把书本上比较"死"的书面语言转化成为学生易于接受、直观性强的教学语言，才能将所要传授的知识勾画成一幅鲜明的图案，使学生形成一个清晰的概念，从而顺利地由形象思维转化为抽象思维。

(二)语言表达在教学中的感染作用

教师不仅用语言表达向学生传授知识，而且用富有情感的语言来感染学生，所谓"以声传情，以言动心"就是这个意思。教师在教学中如能恰如其分地进行富有感情色彩的讲述，则会引起学生强烈的共鸣，收到"以情悟文，以情感人"的效果；如能进行形象而逼真的描绘，辅之以轻重缓急的语调，则能使文学中的人物形象栩栩如生，能把祖国的山川河流勾勒成一幅绚丽的彩色图案，让人饱览其风姿，饱享其恩泽。这就无疑地唤起学生对生活的热爱，对祖国的热爱，从而使他们的精神世界得到洗涤和陶冶。

(三)语言表达在教学中的诱导作用

教师的语言表达能力如何对于学生的学习心理和思维活动有着直接的影响。教师的语言表达能力强，一方面，能诱发学生的求知欲，激起学生学习的兴趣，吸引学生的注意；另一方面，能引导学生积极思维。所谓"循循善诱，谆谆教诲"就说明了教师语言表达能力的重要诱导作用。在教学中，教师的语言表达能力发挥得好，学生听起课来兴致盎然、津津有味，这样就能收到事半功倍的效果；如果教师的语言表达能力发挥得不好，学生听得索然寡味、昏昏欲睡，教学效果势必不好。

(四)语言表达在教学中的强化和内化作用

教师的语言表达力好，一方面，可以激起自己讲话的兴趣，从而在实践中不断地强化自己的语言表达力；另一方面，能成为学生竞相仿效的榜样，从而不断地把教师语言表达的特征内化成为自己的语言特点。所谓"耳濡目染，不学而会"，正形象地说明了语言表达的作用。据心理学的观察资料表明，教师语言中常出现的语义和修饰的错误，往往是他的学生语言贫乏和不正确的原因之一。这就说明教师的语言表达能力如何，对学生起着一种直接的内化作用。因此，教师在教学时不能只满足于告诉学生"应该怎么说，不应该怎么说"，还要引导学生如何正确地发音，如何正确地遣词造句，以及如何正确地掌握语法规则，以便学生在正确使用语言的过程中培养自己的语言表达能力。

二、教师在教学中的语言特点

教师在教学中的语言，既具有讲演式独白的特点，又具有平心静气地与人谈心的口头语言的色彩，具体而言有如下特点。

(一)准确简练，逻辑性强

这是由教师传授知识这一特定任务要求的。科学知识本身就具有内在的逻辑性、首尾的连贯性和叙述的准确性。如果教师把它说得支离破碎、前后矛盾、模棱两可，这样会使学生不能从整体上、本质上准确地理解和掌握科学知识。所谓"以其昏昏，使人昭昭"这是不可能的，为此，教师须力求语言准确简练、前后连贯、逻辑性强。

【运用案例】

• 小学英语：进行"What Are the Biggest Animals in the World"教学时，为了让学生对句子"A blue whale can be more than ten metres long and weighs over 150 tons."有清晰的印象，教师把蓝鲸的大小 more than ten metres 和重量 over 150 tons 转化为直观简练的语言——more than ten metres long 相当于 3 辆公共汽车的长度，over 150 tons 相当于 7500 桶每桶 20 千克重的桶装水的重量，这样的话，学生对于 10 米长、150 吨重的概念就清楚了。

• 中学语文：进行《背影》教学时，教师用简练的语言问学生"你们家庭是否有类似的情况"；学习《说"屏"》时，教师用简练的语言问学生"你们喜欢屏吗？在哪见过屏？"；学习《三峡》时，教师用逻辑性的语言问学生"如果去旅游，会推荐什么地方"。通过准确简练、逻辑性的语言，既补充了知识，又增加了学生的学习体验。

• 中学数学：进行《基本不等式》教学时，其中的"三个使用注意事项"是学生经常容易遗忘的，教师用准确简练且朗朗上口的语言，将其高度概括提炼为"一正、二定、三相等"，让学生容易记忆；又如，学习"三视图的作图"两个关键点——大小、位置时，经过三番五次的强调，学生还是会不经意地犯错，为此教师用简练直观的语言编成口诀"长对正、宽相等、高平齐"，让学生记忆。这些准确简练且朗朗上口的口诀蕴含了教师的无穷智慧。

• 中学英语：学生在遇到现在完成进行时（have/has been doing）这个时态，比较难理解其用法的时候，教师将其总结为八个字："一直进行，可能延续。"并给了学生一个公式：have been doing ＝ have done ＋ be doing，帮助学生准确地把握了这个时态的用法。

• 中学化学：化学教学语言的科学性体现在传授化学知识时要准确无误，要正确规范地使用化学术语。例如，在"化学反应方程式"中举例 $Ca(OH)_2 + Na_2CO_3 = CaCO_3 \downarrow + 2NaOH$ 可读成氢氧化钙与碳酸钠反应，生成碳酸钙沉淀和氢氧化钠，而不能读成氢氧化钙加碳酸钠等于碳酸钙沉淀加氢氧化钠。又如，离子反应方程式 $CO_3^{2-} + 2H^+ = CO_2 \uparrow + H_2O$ 只能读成可溶性碳酸盐与强酸反应，生成二氧化碳和水，而不能读成碳酸盐与盐酸反应，生成二氧化碳和水。语言表达的简练逻辑和规范性，就是要求化学教师使用化学学科的专门语言，按照化学科学的表述规范去进行课堂教学。

• 中学历史：进行《鸦片战争》教学时，教师可以用简练的言语设问："英国政府提出的要求合理吗？其目的何在？作为独立的主权国家，清政府有权拒绝吗？乾隆皇帝的态度又说明了什么问题？战争经过就是一面镜子，从这面镜子看出，英军的优势在哪里？而清军显露出的弱点又有哪些?"精准的设问，要求教师的语言要精练与准确，富有逻辑性，为学生能够精准地使用学科术语打下坚实的基础。

(二)通俗易懂，形象生动

通俗易懂、形象生动的语言，要求教师在语言表达过程中要力求深入浅出、流畅自然、跌宕起伏、抑扬顿挫。因为教师是要通过语言表达来向学生传授知识，只有把话说得明白，易于理解和接受，才能真正起到作用，否则一口疙瘩话、半截话，或满口概念术语、晦词涩句，或微言大义、故作高深，都会使学生如坠云里雾中，如听天书。所谓"言者滔滔，闻者憔憔"，这样会造成学生理解的障碍。加里宁曾对一个教师说："要研究文法，使得语句通顺，但要说得自然，要说得普通。"

【运用案例】

• 小学语文：给小学生讲课，教师用直观性强的语言说话，能使学生如临其境，如闻其声，如见其人，如睹其色，可适当运用故事或谜语讲述。例如，在教"碧"字时，教师让学生猜谜语：王大爷，白大爷，两人坐在石头上聊天。教"公鸡"时，让学生猜：头戴红帽子，身穿五彩衣，好像小闹钟，清晨催人起。学生很快掌握了这些字的字形结构和事物特征。又如，教"解"字时，编一个故事：有位屠夫用一角钱买了一把刀，杀了一头牛，就能解决许多人的买肉问题。生动形象地将抽象字"解"深深地印入了学生的记忆中。

• 小学英语：进行"Eating Habits"教学时，为了帮助学生复习和归纳形容词和副词的比较级和最高级，教师以魔镜与皇后的故事为背景，以富有感染力的方式设计了魔镜说皇后不是最美的女士的对话：①You are kind，but Snow White is kinder than you. She's the kindest lady in the world. ②You are slim，but Snow White is slimmer than you. She's the slimmest lady in the world. ③You are friendly，but Snow White is friendlier than you. She's the friendliest lady in the world. ④You can dance well，but

Snow White can dance better than you. She can dance best in the world. ⑤You are beautiful，but Snow White is more beautiful than you. She's the most beautiful lady in the world. ⑥And Snow White is the healthiest lady in the world. 学生在听故事的过程中，加深了对形容词和副词的比较级和最高级形式的理解。

• 中学语文：在进行《我爱我家》的综合活动中，教师让学生从这次活动中选取最感动的一件事。当学生说到最感动的是父母用录音带记录自己的成长时，教师说："我家也有一盒磁带，是给我女儿录制的交响曲……"通过通俗易懂、形象生动的语言，拉近了师生间的距离，有利于知识的传授。

• 中学数学：数列是高中数学的一个学习难点，众多的数列性质中，学生往往容易混淆。等差数列有这一性质："S_n 是等差数列 $\{a_n\}$ 的前 n 项和，则 S_k，$S_{2k}-S_k$，$S_{3k}-S_{2k}$ 仍成等差数列，即 $S_{3m}=3(S_{2m}-S_m)$"；等比数列也有类似的性质："S_n 是等比数列 $\{a_n\}$ 的前 n 项和，①当公比 $q=-1$ 且 k 为偶数时，S_k，$S_{2k}-S_k$，$S_{3k}-S_{2k}$ 不是等比数列，②当公比 $q\neq-1$ 或 k 为奇数时，S_k，$S_{2k}-S_k$，$S_{3k}-S_{2k}$ 仍成等比数列"。教师可以把这两个性质归结为 $\boxed{S_n}$ $\boxed{S_{2n}-S_n}$ $\boxed{S_{3n}-S_{2n}}$，数列 $\{a_n\}$ 是等差数列，"豆腐块"成等差数列；数列 $\{a_n\}$ 是等比数列，"豆腐块"成等比数列。通俗易懂、形象生动的比喻能激发起学生的兴趣，也能帮助学生在短时间内理解这一重要的性质。

• 中学英语：学生在写作的时候很容易忽略名词前面的修饰语（如 a/an/the/this/my/your 等），于是很容易写出类似于"He told me joke yesterday."的句子。为了提醒学生要避免这种低级错误，教师可以用形象的语言打一个比喻："单数可数名词的地位堪比总统。总统敢单独出来混吗？当然不敢。他必须带保镖，而这些修饰语就是他的保镖。他想不带保镖？也行！几个真真假假的总统一起出来，别人辨别不清、不好下手也可以。所以，可数名词前面不带修饰语的话一般以复数形式出现。"通过通俗易懂、形象生动的语言，将英语教学中难理解的语法知识呈现给学生，并引导学生理解掌握其用法。

•中学化学：形象生动、幽默风趣的化学教学语言能使学生产生身临其境之感。例如，常温下将酸溶液无限稀释，pH值会增大，但不可能大于 7。这样的知识点，教师可以这样进行比喻：炖一锅鸡汤，不断地加水，鸡汤可能会淡一些，但不可能变为鸭汤。这个比喻有趣、形象，学生记忆深刻，领会到在无限稀释过程中溶质不会改变，酸溶液无论怎样稀释都不可能转化为碱溶液。这样就把不能在课堂上演示的内容，通过用形象直观的语言引起学生的兴趣，从而引发联想和想象。又如，在讲硬水对工业锅炉的危害时，可以联系烧水壶内壁常见的水垢，如果工业锅炉使用硬水也会生成厚厚的水垢，久而久之就会影响散热，造成爆炸。这样运用比喻、夸张等手法，使教学语言形象直观、富有感染力。

(三)讲究艺术，富于情感

讲究艺术、富有情感的语言，要求教师在语言表达时要竭力地设置一个良好的教学情境，尽可能把话说得生动活泼、鲜明形象、感情洋溢，使学生如临其境、如见其形、如闻其声。只有在这样一种境界下，学生才能真正地专心致志、全神贯注地听讲。难怪有人说："语言是率领人们冲锋陷阵的统帅，是拨动人们心灵琴弦的乐师，是争取人们灵魂的坚强战士。"

【运用案例】

•小学英语：进行"Zoo Animals"教学时，教师用富于情感的语言问学生：Do you like animals? Where can we see your favourite animal? What can we do and what we can't do in the zoo? 教师问学生喜不喜欢动物？哪里可以看见你喜欢的动物，从而引出本课的重点——动物园里能做的事情有哪些？不能做的事情有哪些？通过富有情感的语言，将学生带入动物园中，在动物园的学习情境中完成本内容的学习。

•中学语文：进行《写景作文》教学时，教师用富于情感的语言艺术讲述课文的内容：古人讲究"读万卷书，行万里路"，行路的同时，他们留下了许多千古佳作。今天，我们就跨越时空，随古人的足迹，领略他们"情满于山，意溢于海"的情怀。通过优美的语言，带领学生迅速进入写作环境，并展开想象，也是对作文语言的一种间接熏陶。

• 中学数学：数学严谨的逻辑证明往往是枯燥的，能够使得学生饶有兴趣地听一节数学课，往往离不开教师讲解内容的艺术和丰富的情感语言。如对于课堂导入，常常使用一些贴近生活的例子。在学习数列概念的时候，教师可以引导学生观察路边的种树间隔，思考细胞分裂，利息计算方法等生活现象。在学习逻辑关系的一课中，我们可以举例说明命题的否定，问学生"我是人"是一个命题吗？学生回答是。教师继续问：请问这个命题的否定是什么呢？学生思考片刻就哄堂大笑。幽默可以给课堂增添不少活力和乐趣。

• 中学英语：进行"Module 7 Unit 3 Under the Sea"教学时，有学生提问 drag（拖，拉）与他们原来学过的词汇 pull 的区别。为了让学生更好地理解，教师直接冲到教室前门旁边，一边很轻松地拉门把开门一边说："I am pulling the door open."接着又重新把门关好，然后做出一副很吃力地拉门的样子一边说："I am dragging the door open."学生在教师形象生动的语言表达下，立刻明白了两词的区别。

• 中学化学：在试卷讲评课上有这样一道问答题：为什么面粉厂和加油站一样，也高挂"严禁烟火"的警示牌？有同学在试卷上的回答为"面粉中含有易燃易爆的成分"。教师带着夸张的表情讲道："这样我们哪里是吃面粉，是火药啊！那自己家里盛面粉的柜子不就成了炸药包啦！"学生听后发出会心的笑声，增加了习题教学的趣味性。之后，教师又补充讲："这道题目应该从面粉和空气的接触面积去回答，而不能只从面粉的成分去考虑。"生动形象的比喻可以营造情境、调控氛围，使课堂气氛变得幽默风趣，消除学生的学习疲劳感，引发探讨问题的强烈欲望，化解疑点、激活思维，能变无形为有形，使抽象的化学概念和原理具体化，并且可以使学生陶冶情操、启迪智慧、美化心灵，使授课者、听课者都真正体验到寓教于乐的美好感受。

• 中学生物："利用西瓜汁进行还原糖的鉴定行不行?"这样的问题过于简单，应让学生更有深度地进行思考，针对此问题可以这样有效地设问：

"利用西瓜汁进行还原糖的鉴定行不行，理由是什么?"问题的设计应该符合学生的认知特点，并服务于教学，旨在提升学生的能力。教师科学规范、幽默风趣的语言，能通过语音语调来调节课题气氛，提高课堂的效率与效果。

三、教师怎样提高自己的语言表达能力

基于教师语言的这些特点，教师要提高自己的语言表达能力应注意做到以下六点。

第一，充分准备，广闻博采。平时，教师要注意积累丰富的语言词汇、成语典故，以便上课时根据需要而能够信手拈来。教师的语言表达能力强并非一时之效，一朝之功。俗话说："道得人人意中语，千回百折费寻思。"马雅可夫斯基也说过："你想把一个字安排妥当，就需要几千吨语言矿藏。"因此，应重视平时的知识积累和语言表达的训练，不要到上课时照本宣科。

【运用案例】

• 中学物理：教师平时要积累大量相关的物理小故事、小实验等相关材料。例如，讲授初中物理《流速与压强》时，教师可以借鉴各个版本的初中教材中大量的有趣的物理小实验，一部分用于在课堂演示，一部分用于在课后让学生拓展思考，拍成小视频，写成小论文。

第二，树立信心，满怀激情。信心是临场不乱的保证。俗语说："只有事先成竹在胸，才能临阵不乱方寸。"因此，教师要做到语言表达酣畅淋漓、有条不紊，就必须树立信心，同时讲话要充满激情，没有激情，教师板着面孔、平淡无奇地讲下去，学生听起来也会味同嚼蜡。

【运用案例】

• 中学物理：学生上课的状态取决于教师的激情状态，学生容易被教师富含激情的状态带动起来，有一些学生在若干年后想起一个物理规律的时候，可能是因为教师当时的激情状态。

第三，观点鲜明，论据充分。教师的语言表达要有鲜明的观点，明显的侧重，这样才能使学生抓住要领、掌握重点，不至于在学习中本末倒置、主次不分。同时，教师应运用充分的论据来把自己的观点讲清讲准，以便学生在大脑中形成清晰的知识轮廓。

【运用案例】

• 中学物理：物理规律的推导过程需要一环扣一环，层层推进，言之有理，当结论水到渠成的时候，学生对物理方法的掌握会有很大的提高。

第四，学会用手势。教师在讲话时，如果能伴以适当的手势动作，更能增加语言的生动性、形象性，提高语言表达的效果。教师在运用手势动作以辅助语言表达时，要力求自然，切忌做作；力求有节奏，切忌装腔作势；力求庄重大方，情真意切。

【运用案例】

• 中学物理：讲解两个小球相撞的时候，教师可以用两只手握成两个拳头模拟相撞的状态或模拟运动情境。

第五，注意声调、节奏、速度和修辞。教师在语言表达过程中，声调要有高有低，有起有伏，高时慷慨激昂，低时和风细雨。节奏要平稳、分明、适度；要有抑扬顿挫，抑如平湖秋水，扬若天女散花，顿时金戈铁马，挫像雷霆万钧。同时还要讲究速度和修辞，区别轻重缓急，多用谚语、歇后语和成语典故，使语言幽默风趣、引人入胜。

【运用案例】

• 中学物理：在进行高中物理《电容器》教学时，教师可以提问："关于电容我们有两条表达式，怎么区分？这一个（指着黑板上 $C=\dfrac{Q}{U}$ ）我们称之为定义式，而这一个（指着黑板上 $C=\dfrac{\varepsilon s}{4\pi kd}$ ）为决定式。两者有什么不同？"停顿几秒后，教师说："一般来说，定义式提供了一种测量（计算）的方法，而决定式则提供了一种控制、制作的方法。按照决定式，我们可以生产不同容量的电容器。"学生在听到新的概念或物理规律的时候，需要思考和理解的时间。又如，学生在推导机械能守恒定律的时候，要留给学生充足的时间自己推导，有经验的教师这个时候在课堂就会停顿约 40 秒。这就是课堂"留白"的艺术。

第六，加强语言修养。我们常看到有的教师上课时引经据典，滔滔不绝，长于雄辩；有的教师泼辣幽默，言简意赅，长于风趣；有些教师慢条斯理，语气平稳，长于解说。在教学中，由于教师的个性特征不同，因此各人的语言表达也有自己的个性和风格。一般来说，各种讲课风格总有自己的优缺点。为此，教师应在语言表达中加强自己的语言个性修养，扬长避短，使自己的语言表达能力不断提高。

【运用案例】

• 中学物理：在讲解高中物理《电场强度》时，电场强度的大小是电场的属性，不随试探电荷的电性和电荷量大小改变而改变，在理论推导后的总结中，教师套用扎西拉姆多多在《班扎古鲁白玛的沉默》中的一句诗——"你爱或者不爱我，爱就在那里，不增不减"，修改为"不管你试探电荷放什么电性，多大电荷量，多小电荷量，这里的电场强度不增不减"。通过与学生能产生共鸣的诗句、流行语等，能加深学生对物理概念和物理规律的记忆，创造情境使学生可以将短时记忆加工成工作记忆，有利于学生在需要的时候调用相关知识。

综上所述，"语言千古事，得失寸心知"。教师语言的锤炼，看似容易，实则艰辛，绝非一日之功。"水滴石穿，绳锯木断。"只要不断地学习，潜心地研究，不懈地努力，就一定会有所建树，在教师这个岗位上开辟自己的一片园地。

第四章 讲授的技能

【故事情境】

　　高老师在向全校师生做《南极和北极的故事》的科普报告。课堂上，高老师利用大量的图片和生动形象的语言，将复杂深奥的科学原理以浅易活泼的姿态，呈现妙趣横生的南极和北极的故事，并在故事中为同学们诠释了三个基本的科学观念：环境的变化令许多动物不得不改变他们的习性；只有尊重动物，才能赢得他们的亲近；只有能对变化做出快速反应的物种才能够生存下来。同学们专注听讲，积极参与，现场气氛时而沉静，时而热烈。会场上笑声、掌声不断……

【我的思考】

　　结合故事情境，你认为教师应该如何向学生讲授知识？你会采用哪些方法？

第一节　讲授技能的概述

　　讲授是指教师系统连贯地向学生讲解教材、传授知识和技能的教学语言形式，它是课堂教学中最基本的语言表达形式，是教学语言的主题。讲授是一种古老的教学方法。17世纪随着班级授课制的产生，讲授法应运而生，经过当时捷克教育家夸美纽斯等一批欧洲教育家们的论证和完善，使得讲授法成为应用十分广泛的教学方法。我国在 19 世纪中后期开办新式学堂后，这种教学方法在我国得到了广泛运用。"讲授，是指教师系统连贯地向学生讲解教材、传授知识和技能的教学语言形式，它是课堂教学中最基本的语言表达形式，是教学语言的主题。"①

一、讲授法的基本类型

一般来说，讲授包括讲述、讲解、讲读、讲演和讲评五种基本方法。要明确区分讲述和讲解，可以依据知识的分类心理学来理解。心理学家奥苏伯尔认为广义知识可分为陈述性和程序性两大

> 区别五种（讲述、讲解、讲读、讲演、讲评）讲授方法。

类，陈述性知识是以概念或命题来表征的，是有关人所知道的事物状况的知识，这类知识体现为直接陈述，主要用来回答"是什么"的问题，一般通过记忆获得；程序性知识是以产生式或产生系统来进行表征的，是关于办事的一系列操作活动的知识，其本质是由概念、规则构成的操作系统，主要用来回答"怎样做"的问题，是对所获得的陈述性知识进行提取、应用的行为过程。

讲述是教师运用生动形象的语言，向学生描述学习的对象、介绍学习的材料、叙述事情发生变化的过程的讲授方法。讲述重在"述"，主要应用于陈述性知识的讲授中，能在较短的时间内为学生认识事物或事件提供广泛的材料，促进学生对该事物或事件的理解，是教学中为学生提供认识素材、丰富学生知识、促进学生对有关知识的认识与理解的常用方式。无论是教新知识，还是复习旧知识，都能够运用讲述法。

讲解是教师运用解释、说明、分析、归纳、演绎、论证等手段，向学生阐明原理、规律、公式等知识，使学生把握事物的本质特点和规律的讲授方法。讲解重在"解"，主要应用于程序性知识的介绍，帮助学生明确概念、认识规律、掌握原理。在数学、物理、化学等学科中，应用比较广泛。

---

① 　傅惠钧 . 教师口语艺术［M］. 杭州：浙江教育出版社，2002：151.

讲读是教师在讲述或讲解过程中指导学生阅读或诵读有关内容，有讲有读的讲授方法。讲读法，即边讲边读，讲讲读读，读读讲讲。讲读法比较重"读"，目的在于培养学生能够自觉、准确、流畅地进行阅读的能力，并培养他们的语感。

讲演是教师就教材中的某一内容或某一专题，通过体态语等辅助手段进行有理有据、首尾连贯的论说，中间不插入或很少插入其他的活动。在讲演中，"讲"和"演"都很重要，教师不但要把自己的见解以言语的形式表达出来，还要运用眼神、手势等体态语来配合自己演说的内容，从语言到动作类似于正式的演讲，但是，较之于正式的演讲又稍稍随意一些。

讲评是教师运用评述性的语言解读教学内容的讲授方法。讲评重在"评"，多用在语文课文内容的讲授过程中，把记叙和议论有机结合起来，述中有议、议中有述、相辅相成、相得益彰。在语文写作教学中多采用这种方法。

在一堂课中，教师根据教学内容的需要，可以整堂课采用一种讲授方法，也可以多种讲授方法并用。教师不必拘泥于某一种方法，只要能让教学有效，可以采用任何方法。

二、讲授的优缺点

在新课程改革广泛推进的过程中，作为传统教学最主要的方法——讲授成为众人的攻击对象，但是主导中国课堂教学几十年的讲授法仍然有其闪光点。

> 比较讲授与对话的优势与弱势。

第一，教师能使学生在较短的时间内获得大量、系统的文化科学知识。讲授能对错综复杂的知识做系统的整理，使其条理清晰、脉络清楚，这样做既节省了教师教学和学生学习的时间，又使学生能够对知识有系统性和清晰的认识。

第二，教师能主导课堂教学，易于控制教学过程。虽然新课标明确提出了学生的主体地位，但是由于学生年龄、思想、认识等方面还不够成熟，对于知识的理解和看法可能会比较稚嫩，所以教师在课堂教学中还要处于主导地位，系统地向学生传授知识。

第三，教师对教学设备没有特殊要求，教学成本较低，便于广泛运用。讲授对于教学设备的要求比较低，教师完全可以只凭一本书、一支粉笔和一块黑板就能很好地完成教学任务，不会受学校经济条件的制约，对于农村学校或偏远地区的学校来说，这无疑是一种很好的教学方法。

当然，在新课程改革的大背景下，这种传统教学方法的弊端也日渐明显，有其局限性。

第一，教学内容往往由教师以系统讲解的方式传授给学生，不易发挥学生学习的主动性、积极性。在课堂上，学生过多地接受教师的知识灌输，没有时间进行自我思考，学生学习的主动性不易养成，创新的、评判的意识也不易养成，久而久之，学生的学习积极性就会受到阻碍，"不劳而获"的接受式思想就会蔓延。

第二，教师面向全体学生讲授知识，不易照顾学生的个别差异，因材施教原则不易得到全面贯彻。有的学生理解得比较快，有的学生理解得比较慢，但是大家都要跟着教师的授课进度来，理解快的学生往往会感觉学习没有挑战性而不认真听讲，理解慢的学生由于跟不上教师的节奏而对自己失去信心，因此因材施教原则得不到很好的实施。

在了解讲授法的优点和不足之后，我们就比较清楚地看到，讲授法不适用于任何类型知识的传授，而只适用于传授基础知识或陈述性知识。在教学过程中，教师就要根据自己的教学内容，选取合适的教学方法。

第二节　讲授技能的方法与运用案例

讲授作为一种教学方法，有其特殊的要求。教师在运用讲授法时，必须符合知识系统性、重点突出性、思维启发性和话语艺术性等要求。

一、知识系统性

教师在备课、上课时会有很多东西想要教给学生，教学内容会比较繁杂，内容之间或者有直接联系，或者有间接联系，这就需要教师按照一条或者几条线索(时间、地点等)把这些内容串起来，使内容具有系统性，既使知识点的脉络清晰，又便于学生的记忆和理解。同时，清晰地理顺知识点之后，教师就不会因为内容的繁杂而漏掉一些知识点，从而能够比较完整地把知识点呈现给学生；也不会因为内容的杂乱而使授课教学思路混乱，造成授课内容没有条理性、层次性。

【运用案例】

• 小学语文：进行《七律·长征》教学时，采用思维导图的形式将中国古诗按照不同的标准来分成若干类别，使学生一目了然，对古诗的知识有一个较为系统的了解。

• 小学数学：进行《简单的排列、组合》教学时，教师问学生："在生活中，当我们不能进行实物操作的时候，还有什么其他方法可以知道有多少种不同的搭配方法?"通过问题，引导学生发现可用一些"符号"代替实物，用"连线的方法"帮助我们将各种搭配方法记录下来。例如，两件上装与三件下装分别搭配的问题，可以把第一件上装编号为 A，第二件上装编号为 B，把三件下装分别编号为①、②、③。先选定上装，再搭配不同的下装，然后用连线方式表示(如图 4-1 所示)，并结合服装实物图板书。

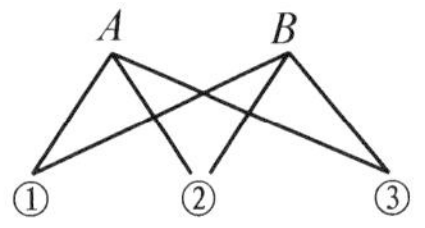

图 4-1　搭配方法

为了看得更清楚，我们还可以在连线上标上数字 1、2、3、4、5、6，这样就更清楚了。如果有的学生想出用一一列举的方式，如 A①、A②……，教师可以进行适当的引导和鼓励。在学生操作的基础上，让学生再通过连线的方法，进一步认识到搭配时怎样做到"按顺序、不遗漏、不重复"。引导学生用画简图的方式来表示抽象的数学知识也是发展学生用数学化的符号表示具体事件的能力的一个体现。这样使学习内容具有系统性，既使知识点的脉络清晰明了，又便于学生的记忆和理解。

• 小学英语：进行"What's Your Favourite Animal"教学时，帮助学生学会如何描述动物，可以从外貌、体型、特点等方面来描述。通过话题——你最喜欢的动物，首先，引起学生的情感共鸣和兴趣；其次，引导学生在描述动物时可以从哪些方面入手，鼓励学生想象描述的方面；最后，把学生描述的方面综合起来，写成思维导图(如图 4-2 所示)，帮助学生形成清晰的印象。

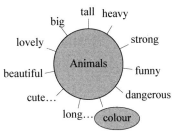

图 4-2 描写动物的思维导图

• 中学英语：在进行"定语从句的关系词使用规则"教学中，一般使用 that 的常见情况就有下面五种：all, everything, anything, nothing, something, little, much 等不定代词作先行词；先行词被 all, any, every, each, few, little, no, some 等不定代词修饰的时候；先行词有人又有物的时候；先行词被 the only, the very, the last, the same 修饰的时候；序数词或形容词最高级修饰先行词的时候。现实中，学生往往觉得这些规则比较零碎、杂乱无章，难以记清，甚至一些英语基础薄弱的理科生干脆放弃不背。为了方便学生记忆，一位教师将这五个规则总结成一句话："不(不定代词)得(the)罪(最)两(人和物)婿(序)"，简单概要地将这块知识点串了起来，学生也都欣然接受。

• 中学物理：在进行《能量与功能关系》教学时，可以按照学生在高中阶段需要掌握的能量进行系统性讲授，从重力势能、弹性势能、动能、机械能、电势能和内能分别与哪些力做功有关，形成知识网络体系，帮助学生形成完整的物理知识体系。

• 中学化学：进行"化合价"教学时，可以先让学生观察一组化合物的化学式，得出结论：不同化合物形成时原子的个数比是不同的。然后教师才推出化合价的概念。因为在化学知识的讲授中，基本概念占了较大的比重，中学教材中涉及的概念极为丰富，整个教学内容基本上是以物质的结构为主线把物质的构成、性质及其变化等方面的概念由简单到复杂，按一定的逻辑性组织起来的，所以如何让学生能够正确地、清晰地、系统地掌握这些概念是十分重要的。

•中学地理：进行《营造地表形态的力量——内力作用》教学时，学生所要学习的内容主要有地质作用、内力作用、外力作用、地壳运动、岩浆活动、变质作用等地理概念，要明确本节学习中所涉及的类概念和目概念，厘清地质作用与内力作用的关系，内力作用与地壳运动、岩浆活动、变质作用的关系。因为，学生只有明确"内力作用"的类概念和目概念，才能建立"内力作用"的知识体系。因此，在教学中，教师采用以下方法进行教学"创设情境—提出问题—分析问题—解决问题"，具体如下：教师利用"2014年假期云南鲁甸地震"发生事件创设问题情境，并提出问题"为什么云南鲁甸会发生 6.5 级地震？"。学生围绕问题，需要阅读相关文字与图片材料，需要分析与归纳"地质作用"类概念和"内力作用""外力作用"目概念等，并运用这些类概念和目概念系统地去分析"云南鲁甸地震"发生的原因及对地表形态的影响，从而解决"为什么会发生地震"及"当地震发生时，我们应该怎么办？"这些生活中的问题。

二、重点突出性

教师在把知识全面教给学生的同时，要注意概括教学内容的重点，因为由于知识点本身的难易程度和学生的智力发育程度、接受程度、理解程度的不同，有的内容要重点详细地讲授，有的内容只需要简单提一下或者一带而过，教学用力不要均衡。教学内容是多而杂的，教师不可能对所有的知识点都平均用力，面面俱到等于面面不到，教师应该从众多的知识点中总结出最主要的、最重要的内容，在把基本知识介绍给学生以后，要着重对重点知识进行讲授，这样，教师既能够把重点知识教给学生，又能减少全面用力的教学时间，从而提高教学效率。如有的语文教师在教授朱自清的《春》时，把课文内容提炼为"盼春、绘春、颂春"六个字，既简洁明了地归纳了文章的主要内容，又突出了教师的教学重点和学生的学习重点。

【运用案例】

• 小学语文：进行《我要的是葫芦》教学时，就可按照"这个人种的葫芦开始怎么样？后来怎么样？结果怎么样？"这条流畅明快的线索来教学。教师对课堂教学一定要做到心中有数，切不可脚踩西瓜皮，滑到哪里算哪里，这样才能使教学语言具有逻辑性，脉络分明，推理严密，没有闲话、废话。

• 小学数学：进行《简单的排列、组合》教学时，教师可用这样的小结提升方法："同学们，你们瞧，服装和食品搭配中都藏着数学知识，可见生活中处处都有数学知识，学好数学知识，就可以解决生活中的许多问题！这样有顺序的连线方法能帮助我们不重复、不遗漏地把所有的搭配方法找出来。看来同学们都知道，在解决有关搭配的问题时要做到'按顺序、不遗漏、不重复'。"同时，教师板书的方法也要按照"按顺序、不遗漏、不重复"。这样，教师既能够把重点知识教给学生，又能减少全面用力所需的教学时间，从而提高教学效率。

• 小学英语：进行六年级下册"Famous People"教学时，讲到 Dr. Sun Yat-sen 的伟绩后，教师用一首小诗来总结 Dr. Sun Yat-sen 的生平：Dr. Sun Yat-sen, Dr. Sun Yat-sen. He was a great man. He was a good man. He was a famous man. 从小诗中，让学生认识 Dr. Sun Yat-sen 的伟大、重要及其高尚的品德，语言扼要，但能让学生更深入地理解课文内容。

• 中学语文：在进行《郑伯克段于鄢》这一课教学时，先通过成语"一鼓作气"让学生回忆初中学过的《曹刿论战》，然后引导学生初步感知题目，再简略介绍《左传》与《春秋》的关系。此标题其实是《春秋》中的经文："夏五月，郑伯克段于鄢。"介绍春秋三传(《左氏春秋传》《春秋公羊传》《春秋穀梁传》)都是他人对《春秋》经文的解读。

• 中学英语：进行"Module 5 Unit 3 First Impressions"阅读课的教学时，将文章划分为 Before the journey / During the journey / After the journey，以便很好地帮助学生厘清文章的思路。

• 中学物理：在进行高中物理复习课"牛顿定律的应用"时，教师展示本章复习的重点在于寻找牛顿第二定律和运动学公式的桥梁——加速度，然后让学生在复习过程中抓住重点——分析对不同类型问题中的加速度，帮助学生降低物理新情境带给学生的认知冲突，提高学生应用物理知识解决物理问题的能力。

• 中学化学：在进行《碳的几种单质》教学中，首先对碳的典型单质——金刚石和石墨的结构、物理性质、用途进行学习，然后再简单介绍无定型碳和新型的碳单质，最后安排碳单质的化学性质学习，旨在由易到难使学生从感性上理解碳单质的结构不同、物理性质不同，但化学性质几乎相同，而且要贯穿反映"结构—性质—用途"这条教学暗线。所以在第一课时的讲授中可以把碳的几种单质归结为：金刚石(高贵华丽的碳单质)、石墨(平凡多能的碳单质)、碳 60(神奇的新型碳单质)、木炭(生活中的多能物质)，这样既简洁明了地归纳碳的各种单质的用途，又突出了教学的主要内容和学生的学习重点。

• 中学历史：讲述"明清三大进步思想家的思想所产生的影响"时，可以史料说明其是如何对传统儒学进行批判和继承的，对后世的影响侧重于学术思想，而非政治斗争，可以通过相应的资料来说明，帮助学生更好地对比理解。

• 中学地理：进行"荒漠化的防治"教学时，教学的重点是突出"自然特征""人文特征""区域可持续发展问题与对策"三大方面。其中，区域自然特征主要包括位置(纬度位置、海陆位置)、地形(类型、分布和地势)、气候(类型、分布、特点和成因)、水文、土壤、自然带、资源和灾害；人文特征主要包括城市、居民(分布和区位)、交通、工农业(包括分布、特点、区位)等；区域可持续发展问题主要是区域突出的环境问题(成因、危害)以及治理措施。而在构成自然特征的各地理要素中，其中一个是最主要、最核心的，其他自然要素的形成都与这个核心要素有关。因此，每个区域都必须找出这个核心要素，以它为核心构建专题知识网络。为了突出重点，教学中采用知识网络构建法(如图 4-3 所示)。

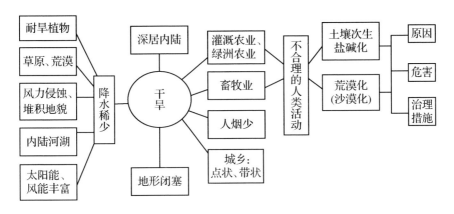

图 4-3　干旱的知识网络

　　因此，无论在常规教学，还是高考第一轮复习，教师均要有意识地给学生搭建专题重点知识网络，然后再用相同的思维方式，从某个专题重点知识网络的构建迁移到每个相同专题重点知识网络的构建，这样学生在学习或复习每一个专题重点时就有了比较明确的思维方向，知道什么是需要掌握的要点，就不会感到知识又多又杂、难以识记，在一定程度上增强了学生学习的自信心。通过专题重点知识网络的构建，有助于学生扎实地掌握各个知识点，有助于学生站在知识系统的高度来审视与思考地理问题，有助于提高学生解决地理问题的速度和准确度，有助于学生对相关地理专题的重点知识做到举一反三、触类旁通，有助于帮助学生形成地理学科能力和提高学习效果。

三、思维启发性

　　多数教师在讲授过程中，总是把很多知识一股脑地都灌输给学生，就怕给学生传授的知识不够多、不够全，想要把自己知道的所有知识都教给学生，教师的这种无私地为学生的思想，是可以理解的，也是应该值得称颂的。但是，有时候事情往往过犹不及，由于学生大脑的存储空间有限，教师教授的知识过多，只有很少的一部分被学生接受并转化，还有很大一部分会由于学生的生理机制而被本能地排除掉，这样看来，很多时候教师和学生都在做无用功，费时费力。教授的知识要有启发性，能够让学生举一反三。所以，教师在讲授内容时，不要一开始就对学生全盘托出、不留余地，而是先讲一点，通过这一点去引导、启发学生自己去思考理解，教师在旁边帮助。教师要让学生学会主动思考问题，培养他们的积极能动性，而不是把自己知道的都告诉他们，"授人鱼不如授人以渔"。在讲授过程中，教师对学生的启迪要比明确地告诉学生答案更有帮助、更有价值。

【运用案例】

• 中学英语：进行"if 引导的从句表示虚拟语气"教学时，告诉学生虚拟语气的总原则是"时态退后一步"，从而引导学生一步步推导出以下规则：

对现在情况的虚拟——从句：if … did/were…，主句：… would do…

对过去情况的虚拟——从句：if … had done …，主句：… would have done…

以此启发学生的思维。通过问题的层层递进，启发了学生对"if 引导的从句表示虚拟语气"的理解与应用。

• 中学化学：进行《分子与原子》教学时，该课题的教学内容旨在帮助学生初步建立"微粒观"，共分为四个阶段。

第一阶段　承认客观事实：物质确实是由微小的粒子——分子、原子等构成的；

第二阶段　认识分子性质：分子的质量和体积都很小，分子总是在不断地运动着，分子间是有间隔的；

第三阶段　进一步了解分子、原子概念：分子是保持物质化学性质的最小粒子，原子是化学变化中的最小粒子；

第四阶段　从分子的角度解释一些问题：包括对某些概念的微观理解和对某些宏观现象的原因阐述。

这是学生第一次建立宏观和微观的联系，是学生第一次用微观的观点思考宏观现象，是学生容易产生分歧的学习内容。教师可以采用以下四个环节——提供材料、实验验证、提出问题、分析归纳来启发学生思考，突破教学难点。第一环节——为学生建立一个交流平台，让学生回忆之前物理课上已学过的有关分子的知识，教师从学生们谈论的内容中，归纳、抽取出分子的性质：分子总是在不断运动着；分子间是有间隔的。这一环节能够使学生温故而知新，自然进入新课的学习之中。第二环节——教师演示两个实验，请学生们观察、总结实验现象，依据实验现象得出结论，并从分子、原子的角度分析产生现象的原因。这一环节建立在学生新旧知识的结合点上，极大地激发了学生的兴趣，使学生主动地参与到学习之中。第三环节——通过"水的三态变化""品红在水中的溶解"让学生建立"分子不能保持物质物理性质"的认识，此时学生自然而然会产生问题："那么，分子能否保持物质的化学性质呢？"这一环节使学生提出问题，为学生进一步学习产生内驱力，激发了学生的兴趣。第四环节——让学生首先关注教材上有关分子、原子的概念："分子是保持物质化学性质的最小粒子。""原子是化学变化中的最小粒子。"然后让学生结合教材上"水的分解反应"和"氧化汞的分解反应"的模型示意图，谈论有关分子、原子的概念。这一环节通过学生谈论，使学生对分子和原子有了进一步具体的认识，帮助学生初步建立"微粒观"。

• 中学地理：进行《气压带和风带对气候的影响》教学时，该教学内容涉及学生演绎推理能力的培养。教师可采用以下方式培养学生的地理推理思维能力：提供材料、观察阅读、分析归纳、感性概括。具体操作如下：首先，教师向学生展示不同气候类型下的地理景观图，调动学生学习的积极性，教师再要求学生观察与阅读"全球气候分布图"，找出气候分布与地理位置的一般关系，并对其进行分析，引导学生对气候类型与纬度位置、海陆位置的关系进行归纳与概括。在教师的引导下，学生把分散在世界各地的同一种气候集中到一个共同的区域，实现了从"个别到一般、部分到整体"的推理学习过程，得出"全球气候分布模式示意图"。其次，教师向学生展示不同气候类型下的自然和人文景观图片，引导学生从热量条件和水分条件分析当地气候的特征。学生通过对景观图片的观察、同学间的讨论与交流，得出对气候特征的描述是"高温、温和、寒冷、炎热、多雨、少雨、干燥、湿润"等词语，并概括出当地的气候特征。最后，教师向学生展示归纳概括出的"气候分布模式示意图"，要求学生在图上的适当位置画出气压带和风带，并标明气流的运动方向和性质。学生在正确掌握大气环流运动的基本特征和冷热干湿性质后，教师再提出系列引导的问题进行推理：赤道低气压带、赤道附近气流常年如何运动？这种运动对水汽产生什么影响？在赤道低气压带控制下，气温和降水表现出怎样的特点？学生经过推理后得出如下结论：赤道附近，全年高温，在低气压控制下，盛行上升气流，多对流雨。教师经过可培养概括能力的材料教学后，使学生学会了对获得的感性材料进行整理，从中找出事物的属性，归纳总结出地理事物的概念和规律，同时为学生在感性认识的基础上获得理性认识奠定了基础。

四、话语艺术性

从某种程度上来说，教学的讲授艺术主要指的就是语言艺术，所以教师讲授的话语一定要有艺术性。这里对教师话语的艺术性有四点要求：第一，话语要符合学科的用语规范。每个学科都有属于本学科的专用语言，同一个符号在不同学科中可能代表不同的意思，如"＋"在数学公式中代表的是把符号前后的数字两者相加的意思，而在化学公式中代表让符号前后的化学物质两者相互反应的意思。第二，话语要符合一般的语法规范。讲授的语言属于非书面语，由于语境的不同，相比书面语要灵活很多，但是，并不是说非书面语就不需要语法规范。讲授话语同样不能使人产生歧义、模糊之感。第三，话语要准确简洁。教师要使学生接受、理解更多的知识，除了必要的引导、解释之外，还应该尽量做到话语准确简洁。准确是最主要的，话语不准确会误导学生，在准确的前提下，话语还要简洁，做到"丰而不余一言，约而不失一辞"，拖沓的话语反而会使学生不知所以然。第四，话语要生动有趣。教师讲授的话语要生动有趣，才能引起学生的兴趣，不要一堂课始终"波澜不惊""风平浪静"，否则学生会感到索然无味，所以教师可以通过采用变调、讲故事等方式来引起学生的注意力。

【运用案例】

• 小学语文：进行《十里长街送总理》教学时，由于这是一篇催人泪下的文章，凡是经历了那个年代的人，每每读来无不为之垂涕，浮想联翩。然而对现在的学生来说，则会比较陌生。因此让他们了解作者的感情，进入作者所创造的意境，有一定的难度。怎样让学生身临其境且能与作者产生共鸣呢？在范读时，可配用录音播放哀乐，当读到："多少回……多少回……多少回……"时，配以电视屏幕出现画面，用深沉偏低的声调、声情并茂地朗读。如果被教者全身心地融于作者的情感之中，就会为之而动容，这样，教师的范读便将学生们带到了作者创设的意境之中，拨动了孩子们的心弦。

• 小学英语：进行四年级"Welcome to My House"一课的教学时，当学生是客人，受邀到别人家做客时，教师可以引导学生想象应注意什么问题，如礼貌、礼节问题。所以当家明到本家做客，本带家明参观房子时，家明是用什么话来表达他的感受的？引导学生找出答案——Oh，it's nice. I love it. 这些句子就是用语正确的例子。从家明的例子中，学生们知道了去别人家做客时的礼貌用语，并对此留下了深刻的印象。

• 中学语文：在进行《湖心亭看雪》教学时，引导学生思考在中国历史上，有多少这样的古代文人，他们在现实中被压迫地透不过气来，于是，只有在大自然中舒展自己。他们宁愿自己是山、是水、是树、是花、是草、是一朵云、是一片冰。他们寄情于山水，在山水中寻找心灵的依托。雪是其节，冰是其志，苍茫天地是其归宿，凌寒独立是其人格……用文艺性的语言进行引导和渲染。通过艺术性的语言，渲染课堂的教学氛围，引导学生在这种氛围中更好地理解本课的学习内容。

• 中学英语：进行"口语课"教学时，教师示范了多种语气的"Thank you""Really"在不同情境下的运用。通过不同的语境，让学生去领会其表达的真正内涵。

第三节　讲授的体态语

教师在讲授的过程中运用的不仅仅是口头的语言，有的时候无声的语言，如手势、面部表情等，也会影响教师在课堂上的讲授。由于语言是最重要的教学工具，而体态语又是广义语言中的重要组成部分，因此，体态语也就成为教学的重要组成部分。所谓体态语是指人在交际过程中，用来传递信息、表达感情、表明态度的非言语的特定的身体态势。而体态语能力，指的就是教师在课堂教学过程中运用体态语进行教学的能力。

"在日常生活（包括课堂教学）中，人们也许能一时停止有声的说话，却不能停止发出信息，即我们的身体总是有意无意地通过特定的姿势、动

> 语言讲授如何与体态语配合，效果才更好？

作等态势不断发出信息。在课堂教学中，它更能发挥着独特而巨大的作用。"[①]心理学家阿尔伯特·梅拉比安发明了一个公式：信息总效果＝7％的文字＋38％的声音＋55％的面部表情。由此可见，体态语在语文教学中也有很大的作用。语文教学是需要多方面综合的，教师除了通过语言向学生传达课文内容、作者思想外，还要通过自己的动作、表情、情感去感染学生，运用自己的体态语给予学生提示。课堂教学中的体态语主要分为眼神语、表情语、手势语、体姿语和仪表语这五种类型。

一、眼神语

眼神语，是指通过眼神来传达信息的态势语言。眼睛是心灵的窗口，一个目光、一个眼神可以传达很多信息，学生完全可以从教师的目光中捕捉到教师对自己的态度。有人做过一个调查，问学生当新教师走进教室时，你首先注意的是什么？62％的学生回答是注意新教师的眼睛。在体态语教学中，教师的眼神是教师与学生沟通的重要纽带。美国心理学家赫斯得出一个结论：瞳孔的收缩与放大，既与光线刺激的强弱有关，也与心理活动机制有关，而且瞳孔的变化是无法自觉地、有意识地加以控制的，眼神势必会透露你内心的秘密，所以不同的眼神会诠释人们不同的思想。

眼神具有很多内涵，有表扬、赞同、欣赏之意，也有批评、否定、讨厌之意，在教学中，教师要明确自己对学生的态度，然后通过正确的眼神传递给学生。教师在运用眼神语时有以下三种方法。

---

① 庄锦英，李振村．教师体态语言艺术[M]．济南：山东教育出版社，1993：2～3.

(一)环视法

环视法，指的是教师的目光要能够扫射全体学生，眼神要能够正视每一位学生。教师站在讲台上讲课，对学生来说会有一种居高临下的威严感，学生本能地会因为对教师的这种威严而遵守课堂纪律，但是，如果不能让学生感觉到教师除了讲课以外还一直在关注着自己的话，那学生就会开小差、做小动作、不认真听讲了。因为他们认为反正教师看不到他们，大有一种"天高皇帝远"的感觉，课堂纪律就会比较乱，只有让学生知道教师一直都在关注着自己，那他们才会有所收敛。

所以教师运用环视法有两个好处：一是可以及时从学生或明白、或疑问的表情中了解到他们的听课情况，获得当堂的教学反馈，从而有助于教师及时调整自己的课堂教学计划；二是可以减少学生走神、说话、做小动作等情况的发生，从而很好地维持课堂教学秩序，督促学生认真听讲。

(二)虚视法

虚视法，指的是教师在教学中，对于那些学习成绩较好却偶尔开小差和自尊心较强的这两类学生，采取似看非看的办法来引起他们的注意。学习成绩比较好，平时上课比较认真的这些学生，属于班级里的"好学生"，在他们的内心中就有一种自我良好的优越感，对教师也有一种亲密感，但是他们也会偶尔走神，如果教师对他们的注视时间较长或直接点名批评的话，会让他们的自我优越感缺失，对教师也就有了由于自己犯错而产生疏远的距离感。还有一类学生，属于自尊心很强的学生，对于别人对自己的言行有很强的敏感度。对于这样的学生，教师同样不能采取直接的明显措施，而要采取这种虚无的眼神提醒法，才可以保护学生的自尊心。教师这样做，学生本身是能够感受到教师的良苦用心的，所以学生在自责的同时还对教师产生了感激之情。

当然，这种虚视法的前提是要在学生自己能够看到或感受到教师无声的提醒，才会产生应有的作用。如果学生自己根本就没有注意到教师的提醒，继续做与上课无关的事情，那教师就要视其具体情况采取其他措施了。

(三)专注法

专注法，指的是教师在教学中根据某种需要而把视线短暂地停留在教室的某一处或个别同学身上的方法。它是眼神语中最为有效、最富内涵的一种方法。这种方法见效比较快，教师可以及时直接地向学生表明自己的态度，让学生准确地接收到信息，并快速做出改正的反应。

教师专注的批评眼神，可以直接明显地制止个别学生走神，提醒其注意听讲；教师专注的信任眼神，可以鼓励学生相信自己、大胆发言；教师专注的鼓励眼神，可以让考试失利的学生重新振作。在因材施教、因人施教过程中，教师尤其应注意用好这种方法。

教师在运用眼神这一体态语时，要注意目光切忌散乱、游离不定，要与学生对视；要注意视线接触的角度，一般来说，正视代表平等，俯视代表爱护，斜视代表不屑，同一种眼神在不同的语境中会有不同的意义，教师要根据具体情况，采取适宜的视线接触角度。

二、表情语

表情语，是指通过脸上的五官所产生的面部表情来传达信息的态势语言。根据中医理论，人的面部汇集了五脏六腑之精气，是肺腑之外窍，能够准确地展示人的内心活动，表达丰富复杂的思想感情。面部表情就是一个人的喜、怒、忧、思、悲、惊等心理的外在显示屏幕。面容时而微笑，时而咬唇，时而皱眉，时而抽泣等，这些都是表情语。

在教学过程中，教师要善于运用表情语来传达自己的喜怒哀乐。当教师教授课文时，要根据不同的课文内容及时调整自己的面部表情，讲到高兴处，则眉飞色舞，笑逐颜开；说到伤心处，则蹙额锁眉，悲伤沉痛。这样，教师既能通过面部表情来带动学生的情绪，渲染课堂气氛；同时也把课本中要表达的情感通过自己的面部表情形象具体地表现给学生，有助于学生对课文的理解。当教师提问时，如果学生对所提问题答非所问，教师可以轻轻皱眉，以示请学生继续思考；如果学生回答令人满意，教师可以微笑着点头，以示赞许；如果学生一时不能回答出问题，教师也可以微微一笑，以示理解和宽容。

教师在表情语的运用中，要特别注意使用微笑。医学研究表明，笑能放松肌肉、活跃思维、促进内分泌。因此，教师要用爱的微笑去征服学生的心灵，微笑能告诉学生，自己很愿意把知识教给他们；微笑能告诉学生，自己很爱他们，对他们从心里喜欢；微笑能告诉学生，自己与他们相互平等。当学生取得成功时，要用微笑给他以鼓励和鞭策；当学生学习遇到挫折时，要用微笑激起其克服困难的斗志；即使在学生犯有错误时，也应该用微笑给其以理解和期待。当然，教师除了自己运用微笑外，还应鼓励、感染学生，让学生也学会微笑。由于微笑能反应一个人的乐观、自信与积极向上的心态，无疑，这种师生双方的微笑既能提高教学效率，也能增进师生之间的情感，促进良好师生关系的形成。

三、手势语

手势语，是指通过手和手指、手掌、拳或手臂等动作来传递信息的一种态势语言。人们在说话或沉默时往往会不自觉地加上自己的手势，借手势的动作或力度来传达自己的感情，如生气时会紧握双拳；高兴时会手舞足蹈；思考时会手托下巴，等等，不同的手势能反映出人不同的内心活动，是人们情感的肢体表现。在课堂教学中，教师适当地运用手势可以让学生感觉不单调，适当的手势有时比语言更有说服力，更能与学生达成共鸣。学生由于记住了教师当时的一个手势，而对整篇文章或某个问题印象深刻也是有可能的。

(一)手势语的分类

在教学中，手势语是多种多样的，从总体上来看，大致分为三种。

1. 象征性手势

象征性手势是用不同的指形来表示不同事物的大小、高矮等外形特征的手势。例如，伸出食指，表示具体的数字"1"；说一个人有多高，可以把自己当作标尺，用手在自己身上比画，把手放在高出自己头顶的地方，表示比自己高，放在自己头顶以下的地方，表示比自己矮，从而让旁观者了解这个人大体的高度。

2. 会意性手势

会意性手势是用来表示特定的情感的手势。例如，把食指竖起来放在嘴上，表示"不要讲话"；手挠头皮，表示"怎么办"；伸出食指和中指，表示"成功"；把大拇指和食指围成一个圈，同时伸出其他三个手指，表示"好的"。革命时期，领导人在讲话时，往往是左手叉在腰间，右手果断而有力的向前推出，表示对革命必胜的信心。这种手势在语文教学中的作用尤其明显，学生从教师的这种手势中能够体会课文中的情感，并通过教师的这种手势来加深对课文的印象，与作者产生共鸣。

3. 指示性手势

指示性手势是用来指示具体对象的手势。这种手势带有明确性和具体性。例如，用手指具体的人，表示"你、我、他"；用手指自己的脚下，表示"这里"；手指向外指，表示"那里"。

(二)运用手势语的注意事项

手势语在课堂教学中，不仅有助于有声语言的陈述说明，而且可以增加有声语言的感染力。但是，值得注意的是，不是所有的手势都能产生很好的效果或达到预期的效果。所以，在教学过程中，运用手势语要注意以下三点。

1. 手势语要和授课的内容相一致

教师必须明确，做手势是为了让学生更好地明白课文中的意思，所以手势语要和自己的言语相一致、相协调，不能自己口中讲的是一套，做出来的手势却又是另外一套，两者"南辕北辙"，学生不明白到底是要认同教师的言语内容，还是应该认同教师的手势，学生思想上容易形成混乱。这样，既不利于教学，也使学生对教师的教课水平产生怀疑。所以，教师要根据课文的内容准确地做出相应的手势，需要手势强而有力时就不能软绵绵的；需要迅速时就不能拖拖拉拉的；需要柔软舒展时就不能匆匆收场。这样，即使学生不是完全明白教师所讲的意思，通过手势也能知晓其中的情感，这种辅助作用很重要。

2. 手势语要适量适度

适量指的是教师在课堂上不宜运用过多的手势，手势过多会让学生看起来比较繁杂、比较混乱。所以，只有在关键或比较重要的地方，为了突出重点，让学生加深印象才运用手势。但是手势动作也不要太少，太少会让课堂比较沉闷，无法带动学生的热情，因此量的问题也要注意。适度指的是教师手势活动的区域范围要适当，幅度大小要恰当。一般而言，教学手势上不要超过头，下不要低于胸，主要在肩部和胸部之间活动，而且，动作既不要太大、太夸张，也不要太小、引不起学生的注意，度的问题要注意。

3. 避免消极手势

教师在运用手势时，要避免运用消极手势，教师的消极手势主要分两种：一种是提醒式手势，如直接用手指点学生、用粉笔投掷学生……教师希望通过这种直接方式来引起学生注意，让其好好听课，初衷是好的，但这种做法却欠妥当。因为用手指人是一种公认的不礼貌的行为，教师这样做会让学生感觉教师不尊重他，从而对教师产生厌烦感。另一种是习惯式手势。揉眼睛、抠鼻子、掏耳朵、敲桌子、理头发、把手插在裤兜里……这些是教师自身在日常生活中的习惯性动作，如果是普通人还可以允许，但是作为教师，为人师表，这些不好的习惯是不允许存在的，更不允许把这些习惯带到课堂上。要知道，教师在讲台上的一言一行，学生都会看在眼里，鉴于学生的崇拜心理和榜样心理，学生会不自觉地模仿教师的言行，所以，这些与教师授课无关的消极的生活习惯要避免出现在课堂上。

四、体姿语

体姿语是指身体在某一场景中以动态或静态姿势传递信息的态势语言，主要有以下四种。

（一）首语

首语是指通过头部活动来传递信息的态势语言，主要包括点头、摇头、或头部倾斜。点头的肯定可能比有声的表扬更具鼓励性，沉默的摇头也可能是一种含蓄的否定，而头部倾斜有可能是对学生的回答还有质疑，希望学生能够继续思考。每一个头部动作要表达的意思都比较简单，学生都能心领神会，对于学生在理解课文内容时是有帮助的，可以让学生在无声中及时明确自己的答案正确与否。

(二)站姿语

站姿语是指通过站立的姿态传递信息的态势语言。在人的日常生活中有很多的站姿，天安门的国旗手腰板挺直地站着，逢迎拍马的人弯腰卑微地站着，精神萎靡者驼背双腿弯曲地站着……不同的人有不同的站姿，所以教师也应该有属于教师自己的站姿。

教师在讲课过程中，不要过于靠近黑板或是讲桌，过于靠近黑板不利于教师看讲义，过于靠近讲桌又不利于教师写板书，要站在讲桌和黑板之间；讲课时，教师要正面与学生对视，不能侧身而站，会让学生感觉教师准备不充分或信心不足，而且也不利于教师目光扫射全体同学而不留死角；除了要正面面向学生之外，教师站立时双腿的具体姿势也要注意，双腿不要像国旗手一样笔直，会显得比较呆板，也容易疲劳，可以双腿微微分开或稍稍弯曲，既能够有助于自由灵活地走动，有助于和其他体态语的协调运用，也能使自己在微量运动中得以休息。

教师在板书时，不要把整个后背留给学生，而是要侧身，既能关注学生，又能板书，这样，学生就不会认为教师身体背对着自己，自己就可以放心地做小动作了。

学生在回答问题时，教师身体要微微前倾，以表示自己对学生的回答感兴趣，也表示自己正在认真地倾听，显示出对学生的尊重，让学生感到自己得到了教师的重视，激发学生回答问题的积极性。

(三)步姿语

步姿语是指通过各种行走的姿态来传递信息的态势语言。讲课时，教师可以在讲台上小范围地来回走动，以配合讲课的内容，或配合其他体态语，可以缓缓移动，也可以稍快速地走动。学生读书、思考、做练习时，教师可以走下讲台，在教室内来回走动，这时，教师的步子应以轻、慢、静为宜，以免打扰学生，分散学生的注意力。

(四)距离语

距离语，是指双方以空间距离远近的不同来传达不同信息的态势语言。双方距离越近代表彼此越亲密，反之亦然。在距离的运用上，近距离对教师有重要的作用。首先，它可以有效地帮助教师组织教学。比如，当个别同学有违纪行为时，教师可以轻轻地走近他们，虽不说一句话，但可起到威慑作用。其次，它可以缩短师生间的心理距离，沟通师生感情。教师深入学生，与学生打成一片，一起讨论问题或一起做游戏，这样师生在一种和谐、融洽的气氛中从事教与学活动，必然会产生好的效果。当然，适当的时候可以通过触摸这种零距离接触，拉近师生之间的距离。

五、仪表语

仪表语，是指通过服装、发型、配饰来传递信息的态势语言。它是一个人的人格、个性、情感、观念等的外在体现。不同的人在不同的场合需要不同的仪表，作为教师，服饰打扮就要庄重，大方得体，不能花里胡哨，也不能邋里邋遢；化妆要清新自然，不能浓妆艳抹；配饰要简单普通，不能珠光宝气；要站有站样，坐有坐样，给学生以简单大方的美感。

被誉为中国"教育文学第一人"的傅东缨，曾对学生课堂上的表情动作言语做过总结：

眼里迸发欢乐的闪光——"答案在这里！真理找到了！"（茅塞顿开）

前望授课教师，手指课本，连连点头——"对，讲得真好！真高！"（领悟其妙）

左手托腮右手握笔，像一幅剪影——"解这道题究竟从哪下手呢？"（迷云漫布）

听他人对答，自己下意识吐舌搔首——"唉，我咋没想到?! 叫我答砸了！"（相形见绌）

望师焦灼，几次晃动身子——"老师，我有个疑问！"或"老师，我有个

新证法！"（心波忽起）

飞眼左右，低语暗议——"老师这样读（讲），错了！"（发现破绽）

哗哗翻书查字典，眼光急急扫描——"这样讲（读），这样答，对吗？"（急寻证据）

无目的地面向棚顶或室之一隅，目光呆滞——……（心猿意马）

默默地向前翻读，时而瞅一眼正讲课者——"请原谅，你讲的我都预习过了。"（快鸟先飞）

打开书遮起脸，头像"晌午歪"（一种土虫）东歪歪西晃晃——"老师，我们唠得可有趣极了！"（暗度陈仓）

他还把教师提问之后，学生的表情、动作、言语做过归结：

含笑举手，眸眼炯炯者——"不成问题！"（胸有成竹）

频频举手，目光祈求者——"快叫我答！"（急不可待）

笑得娴静，不求发言者——"这题早会！"（隔岸观火）

佯装走神，智求召唤者——"犯纪律，看你叫不叫！"（以假乱真）

手举又止，三心二意者——"答？没把握！"（举棋不定）

双唇翕动，温诵答案者——"演习一遍，求个把握！"（有备无患）

急问左右，速速补漏者——"不行，还欠火！"（临阵磨枪）

搔首翻眼，随帮举手者——"最好别点我！"（仓促上阵）

愁云满面，眼光飘忽者——"怎么答？从哪儿想？"（一筹莫展）①

综上所述，在课堂教学中，要做到"胸中有书，目中有人"。注意观察学生的言行表情，洞察学生的心灵，努力做到"一眼洞穿学生的心灵"，通过他的一举一动、一颦一笑，就可洞察他心里在想什么。这样，教师在课堂教学中就会游刃有余。

---

① 孙春成.语文课堂教学艺术漫谈[M].北京：语文出版社，1998：171～172.

第五章　演示的技能

【故事情境】

一次家兔的观察

在教授有关家兔的知识时，某教师为了激发学生的兴趣，带来了一只活家兔让学生观察。一开始果真吸引了学生的注意力，学生观察仔细，课堂气氛非常活跃。该教师为了让学生认识家兔的内部构造，就取出一柄铁榔头猛击兔子头颅。小兔子垂死挣扎，场面凄惨。前排胆小的学生吓得闭上了眼睛。接着，该教师当场解剖活兔，并不断提醒学生仔细观察：这是心脏、这是大肠……然而，许多学生看见可爱的小白兔瞬间变成一具血淋淋的尸体，早已吓呆了，有的学生开始不停地哭泣，哪里还谈得上"认真观察"……

【我的思考】

结合故事情境，你认为该教师使用了哪种类型的演示？是否合适？在教学过程中，教师使用演示能够起到什么作用？如果你是这位教师，你会使用哪些演示技巧？

第一节　演示技能的概述

演示是一种较早出现的辅助教学的方法。它符合人的认识规律，受到许多教育学家的重视。在教学中，教师运用演示法讲授新知识或复习旧知识，指导学生对社会现象、实验过程进行主动感知，获得丰富的感性经验。这样不仅有助于培养学生的观察能力和思维能力，还能激发学生学习的兴趣，调动学生学习的积极性，帮助学生掌握基本概念及规律。

一、演示技能的内涵和意义

(一)演示技能的内涵

"演示"一词，在英文中为"Presentation"，意为在他人面前陈述、表述、展现或解释某一事物的一种方式。在汉语中，"演示"一般作为动词使

> 哪些媒体可以用来进行课堂教学演示？

用，用来表示演示和展示的过程。在教学过程中，演示是教师在传授知识时结合有关内容进行讲解，把各种直观教具及实验等呈现给学生观看，把所学对象的形态、特点、结构、性质或发展变化的过程展示出来，是用媒体传递信息的行为方式。演示有时候在新知识讲解之前使用，有时候在讲解之后使用，但多数是与讲解紧密结合的。无论采取哪一种讲解形式，对教学都存在直观强化的作用。

教学演示技能，简称演示技能，是教师在传授知识信息的过程中，向学生展示直观教具和示范实验，说明有关事物的特点和发展变化过程，指导学生进行观察、分析和归纳，以使学生获得事物现象的一种感性认识的教学行为方式。演示用的教学媒体有实物、标本、模型、挂图、投影、录像及实验仪器等。当教师能够根据教学内容和学生的认知特点，准确地选择演示类型，并能按照有关要求熟练地进行演示操作和讲解的时候，表明该教师已经习得或掌握了教学演示技能。

(二)演示技能的意义

在课堂教学中，课堂演示能让学生积极主动地参与到课堂学习中，通过对演示现象的观察、分析和归纳，不仅能帮助学生更容易、更快地理解概念和规律、掌握和运用知识以及解决实际问题，还能培养学生的观察能力、思维能力、探索精神以及良好的学习方法，也是提高学生探究能力和学习能力的重要手段之一。具体而言，使用演示教学法，具有以下意义。

1. 符合学生的认知规律

运用演示法符合学生从生动的直观到抽象的思维，再从抽象的思维到实践这一认知规律，因而受到很多教育家的重视。虽然学生学习的知识是间接

> 如何让媒体演示符合学生的认知规律?

性经验，但是仍然需要感性认识做基础。学生的感性认识，一方面是在生活中习得的，另一方面则是在学习的过程中，特别是观察教师演示直观材料的过程中或者直接参加实验、实践等活动中而获得的。在教学中，如果教师只凭语言的鲜明性，远不如刺激物直接作用于学生的感官所产生的印象那样鲜明、具体和深刻。所以，教育家们普遍重视感性认识对提高学生认知能力的作用。

2. 符合学生的思维特点

课堂教学需要调动学生的所有感官，通过视、听、言、动来学习是最有效率的学习，运用演示技能可以达到这样的教学目的。教学中运用直观演示手段，能够丰富学生的感性经验，减少掌握新知识尤其是抽象知识的难度。感性认识(或直接经验)是学生掌握书本知识的重要基础。教师传授的书本知识，主要是以语言文字为载体，而学生的直接经验是相对有限的，对很多新知识的理解是有困难的。为了保证教学的效率与系统性，不可能让学生事必躬亲。在教学中，运用直观演示的手段，可以避免教学内容抽象、空洞、难以理解的缺点。人的思维发展是从形象到抽象，因而学生的思维具有具体形象的特点，需要具体、直观的感性经验来支持。因此，演示在课堂教学中被广泛采用。

3. 培养学生的操作技能

在演示的过程中，如果教师使用规范的操作完成演示的过程，学生就能够观察到正确的操作技术和方法。学生在观察教师的演示和操作的同时，也培养了认真、科学、严密的操作技能。虽然学生在生活中曾或多或少地做过若干游戏和操作，但是对于规范的操作，尤其是实验操作，还是感到十分新鲜和生疏的。比如，怎样正确选择和使用实验仪器，如何编制实验步骤并按照步骤进行操作，怎样正确进行读数和记录实验数据，怎样列表和作图，如何通过分析和推理得出结论以及做出误差分析，等等，都需要教师尝试结合演示实验进行指导和培养。成功的演示有助于培养学生良好的实验习惯、科学的实验方法以及基本的实验技能和素养。

4. 激发学生兴趣，集中其注意力

课堂教学中的演示，常以其特有的声、光、色等感染学生，集中学生的注意力。学生在观察教师演示的过程中，调动了视觉、听觉，并动脑思考。在课后也能保持联想、加强记忆，极大地激发了学生的兴趣。

教师成功而生动的演示，不仅有利于学生掌握知识，培养学生的实验技能和各种能力，还能够培养学生的兴趣爱好，调动学生学习的积极性，发挥非智力因素的能动作用，引导他们爱科学、学科学，激发他们勇于攀登科学高峰的雄心壮志。

5. 扩大学生的视野

由于受条件限制，教学内容中有些物质和物质的运动状态用肉眼是看不到的，如原子核外电子的运动状态、一些微生物的形态和活动状态等；有些学习内容由于处于不断运动中，难以观察到，如生物的生殖过程；还有些学习中的一些背景知识是学生在生活经验中不具备的，或者印象不深刻的。这些都可以通过教师的课堂演示来放大微观、观察凝固运动等，有助于学生获得对事物的感性认识。

6. 发展学生的观察能力

教师演示的过程也是指导学生观察的过程，通过教师的指导可以发展学生的观察能力。因此，教师应掌握一定的指导学生观察的方法，激发学

生的观察动机，明确观察目的，掌握观察方法。学生也通过对教师提供的感性材料进行全面的、有序的观察在观察，过程中发展观察能力。

随着科学技术的发展，大量新技术和新媒体进入教学领域，为教学演示提供了丰富的手段和材料，对教学方法改革起了很大的推动作用。

二、演示的原则

教师在实施演示的过程中，应当遵循以下原则。

(一)目的性原则

每一项教学演示都应有明确的目的，这样才有利于突出重点，讲清难点，培养学生的观察能力和思维能力，增强课堂教学的效果。在利用实物、模型、图形、多媒体等进行演示时，教师要向学生提出观察演示的要求，使学生选择性地自觉服从于演示的目的、任务，从而有意识地去注意它们，尽可能地把握所演示事物的本质属性，而不被其中一些有趣的、刺激性强的次要部分所吸引。

> 课堂教学演示的目的是什么？

(二)直观性原则

演示过程要注意科学性，紧密配合课堂的教学内容，选择的演示要直观，让学生能快速地由演示的内容感知联想到对应的课本知识。同时演示必须准确，能说明问题，不要选择一些跟所讲内容相差很远的事物进行演示，否则学生的理解会出现偏差。

(三)鲜明性原则

各种教具演示或者多媒体示范必须形象鲜明，便于观察，易于理解。教师要及时指导学生客观、全面、准确、有序地观察演示的过程和结果。演示现象时要让每个学生都能观察清楚。例如，在展示事物的特点或模型时，在需要读数时，可选用播放屏幕投影的方式，也可以直接采用视频演示，尽量照顾到全班学生。

(四)规范性原则

演示过程必须规范、正确、安全、可靠，使学生获得完整、正确的印象。

教师要求学生实验操作要规范化，自己必须先做出榜样，注意操作的准确性。学生在观看演示时，由于缺乏经验，往往不分主次，盲目观察，以致影响了演示的效果。因此，在演示的过程中，教师要指导学生观察，使学生能根据结果来分析和综合，得出正确的结论，并启发学生积极思考、抓住本质。

此外，教师的演示实验操作必须是规范的。这不仅有助于培养学生工作认真、一丝不苟的优秀品质之外，而且能把学生容易出现错误的或存在疑问的地方，有预见性地交代出来，消除疑问，防止错误的发生。

(五)简易性原则

教学中演示的内容要简单，使用要方便，尽量符合教学时间的安排。教师对多媒体、实物、模型的演示也需要提前做好准备，以便上课时能辅助教学顺利进行。情境、实验的步骤安排也要清晰，否则在课堂上准备的时间会过长，导致学生的精神状态从兴奋到抑制，容易挫伤学生的学习积极性。

三、演示时需要注意的问题

教师在运用演示技能的过程中，需要注意以下六个方面的问题。

(一)演示过程要注意安全

在演示的过程中，特别是演示实验的过程中，要确保安全，特别是做一些易燃易爆的、带有一定危险性的演示实验时。因此，教师必须切实掌握实验的关键，并向学生说明实验的要领和成败的关键，危险和安全的辩证关系，即认真对待，用科学的方法进行操作就会安全；如果马虎，不认真对待，不按照科学的方法和步骤去操作就可能发生危险。这样做既可以防止学生产生恐惧心理，又可以鼓励学生大胆地按照科学方法实践。在演示之前，教师需要先向学生做相应的安全提醒，规范学生的实验操作。演示的过程中必须注意安全，尤其在高温、高压、大电流的情况下，在解除易燃、易爆物品时，应格外小心、仔细，并采取一定的安全措施，在确保演示安全(如防火、防爆、防触电)的前提下确保成功。

(二)演示的媒体要恰当

首先，教师在演示之前，要熟悉教学内容，明确教学重难点，按照传统方式准备好教案。其次，根据教学内容选择教学媒体，并考虑各种媒体综合运用的效果。并不是所有的内容都可以使用多媒体，只有适合用视听媒体来提高教学效率的关键内容才能使用，不同的内容要用不同的媒体。

(三)演示的媒体要实用

教学演示材料的设计要针对某个重点或难点设计，紧扣教学内容，切忌为追求视听效果而使媒体内容华而不实。外观精美的媒体固然能够吸引学生的注意力，但过于花哨，反而会适得其反。在设计教学演示的过程中，一定要考虑学生的认知规律，将完美的外在形式与实际的教学内容有机结合，这样才能真正有效地辅助教学。

(四)演示的时机要适当

所谓演示的时机要适当，是指演示要在恰当的时候进行。教师的演示总有其特殊的目的、特定的时机。教师应根据具体情况在适当的时机下演示，不能提前也不能延后。否则，就达不到演示的效果。此外，教师还要根据学生的学习心理合理地安排演示的时机。例如，上课铃声响后，学生虽然坐在教室里，但心情还处于观望、等待的离散状态，此时适时地出示教具进行演示，有利于及时集中学生的注意力，激发学生的学习兴趣和求知欲望。或者在教学难点、重点处出示直观教具进行演示，这利于发挥演示化抽象为具体、化疑难为容易的作用。当学生注意力开始分散、不易集中时进行演示，能使学生大脑再次兴奋起来，激发其继续学习的兴趣。

(五)演示的材料要合适

在选择演示材料时，尽量选取能给学生适当刺激效果的素材，太强烈的刺激会对学生产生不利影响，最好选取既能激发学生的情感活动，又能够引起学生兴趣的那些刺激强度恰当的素材。

第一，演示物要有足够的大小。为了保证学生能够看清演示物，要注意演示材料的大小。过小的演示材料应进行分组演示或用投影器放大；过大不能在课上演示的，应在课下组织学生观察。

第二，演示物应放在一定的高度上。为了使全班学生坐在原位置就能看清演示材料，应将演示物放在一定的高度上。一般以前面的学生不遮挡后面学生的视线为宜。讲台太矮时，应将演示物支到一定的高度，而且支垫物要稳固。

第三，演示物要有合适的亮度。除幻灯、投影、电影、电视外，其他直观材料都应在光线充足的地方进行演示。如果教室太暗则应用灯光照明，光源的位置以从演示物的前斜上方照射为宜；玻璃器皿中的溶液、标本等，以后侧方照射为宜。必要时，还应注意在材料的后面加衬幕，衬幕与材料要有一定的反差，以保证材料有清晰的轮廓。

第四，复杂的实验应利用图解帮助学生观察。每个实验都是一个系统的过程，为了使学生的每一步观察都不脱离整体，教师在演示时应配合一张演示实验程序的图解。这种带有指示性的图解，既能使学生看清楚教师的演示过程，还能使学生深入理解、强化记忆。

(六)演示与讲解紧密结合

在演示的过程中，由于学生缺乏相关的知识和经验，难以区别出事物的本质特征和非本质特征。因此，需要教师配以相关的语言进行提示和讲解，使学生视听结合地接受知识。演示与讲解结合的形式有以下三种：

> 你认为在进行演示时还应注意哪些问题？

第一，将直观教学手段作为讲解的出发点。也就是教师先提出问题，然后让学生根据问题对直观事物进行观察，最后教师对学生的观察结果进行概括并将其上升到理论的高度。这时，直观教学手段的应用只是作为教师讲解的出发点，为学生的学习提供感性基础。

第二，利用语言指导学生进行观察。这种形式是让学生通过自己的观察，获得直观教学手段呈现出来的知识。此时，教师并不直接传授知识，而是通过指示学生有重点地观察，启发他们思考问题。

第三，引导学生自己得出观察结论。这种方式是由教师先提出问题，然后由学生自己观察。在观察的基础上，引导学生自己思考，得出概括性的结论，最后由教师进行总结。

第二节　演示技能的方法与运用案例

一、演示技能的类型

演示技能有很多类型，根据演示物的不同，可以将演示技能分为以下五类：第一，实物、标本和模型演示；第二，实验演示；第三，电影、电视、计算机演示；第四，挂图演示；第五，幻灯、投影演示。

（一）实物、标本和模型演示

这是根据课堂教学的任务、内容，为了使学生了解有关事物的形态、结构等而向学生呈现实物的形象或真正的实物的手段。这种演示要注意配合讲授和谈话引导学生进行观察，对于不便观察的细微部分应当利用挂图、板画等其他直观手段加以辅助。

1. 实物演示

实物演示是教师引导学生观察教师出示的物体或教具，使学生获得感性认识的一种教学方法。实物演示体现了直观性原则，在教学中，通过描述实物的形象使学生对要学习的内容形成清晰的表象，丰富学生的感性经验，为形成新概念、掌握新规律奠定基础。

2. 标本演示

标本演示可以培养学生运用知识的能力，如鉴定标本等。标本在教学中应用广泛，教师应结合教学，组织学生进行采集、制作。这样一方面能增强学生的感性认识，帮助学生理解和掌握教材；另一方面能够为教学补充标本。由于标本经过加工，活动能力和声音丧失，有的颜色改变了，不能完全反映出事物的特征，因此，在运用上也受到了局限。

3. 模型演示

模型是课堂教学中常用的教具，能把实物放大或缩小，能为学生建立立体概念，还能反映生物体或其局部的运动原理。演示模型通常有以下三种方法：第一，结合讲课进行演示。在数量多、模型小的情况下，可以将模型分发给学生；在数量少、模型大的情况下，可以在课间巡回演示或边讲边演示。第二，课后陈列观察。在课上学生不易看清的模型，可以在课后陈列，让学生自由观察，帮助学生理解教学内容。第三，利用模型进行复习提问。为使学生重视模型，提高观察模型的质量，教师在课堂复习提问时，可让学生指着模型来回答，这不仅能考查学生的知识水平，也会促进全体学生重视今后教师演示的模型。

(二)实验演示

在教学过程中，为了使学生对教学内容获得直观的感性认识，有时也采用实验演示的方法。实验演示是在课堂上进行的、密切配合讲授内容的实验。它主要由教师操作，学生观看。演示实验要求装置简单、主题突出、操作简便、效果直观、形象生动并富有启发性。

实验演示可以由浅入深地揭示出颇为抽象的科学现象，展示事物的复杂过程，给课堂教学增加趣味。从演示的目的来看，实验演示可以分为获取新知识的实验、巩固验证知识的实验；从演示的内容来看，实验演示主要是实验片段的演示。

1. 传授新知识的实验演示

传授新知识的实验演示主要用于引导学生观察现象，启发和运用感性材料进行系统分析，导出新概念，获取新知识。从逻辑上看，是从特殊到一般的过程。

2. 巩固知识的实验演示

巩固知识的实验演示是以验证和巩固知识为目的而进行的，即通常所说的先讲解后实验的方法。从逻辑上看，是一种从一般到特殊的过程。主要包括三种方法：

一是在演示前，教师向学生指出要做什么样的实验，然后引导学生用刚学过的知识，预测会有什么样的结果并思考为什么会产生这样的结果，再开始实验。

二是教师向学生指出要做什么实验之后，不告诉实验结果，让学生在实验中细心观察，实验结束后，由学生解释为什么会产生这样的效果。

三是在实验之前，向学生说明打算做一个产生什么结果或验证什么规律的实验，让学生讨论做这个实验需要什么条件，怎么做才能产生预期的效果，由学生自己设计实验。

3. 实验片段的演示

有些实验需要较长的时间才能完成，在课堂上不可能让学生看到整个实验的过程，因此只能看到实验的片段。

一是演示实验的结果。需要教师在实验前向学生介绍前一段的实验情况，可用挂图、录像等辅助说明。

二是演示实验的开始。教师在讲授了某一方面的知识后，为了验证知识的正确性，或使学生获得感性认识，需要进行实验演示，但是实验结果在课后一段时间才能看到，这时教师只能演示实验的开始，实验的结果让学生课后去观察。不过，对于课后观察，需要拟订详细的课后观察计划，督促学生完成观察的过程。

需要注意的是，无论什么样的实验，都要求学生用文字或图表等形式把结果记录下来，以此巩固所学的知识。

(三)电影、电视、计算机演示

这类演示是利用电影机、电视机、计算机等现代化教学媒体进行的。电影、电视具有图像鲜明生动、直观形象的特点，并且图像、声音同步；计算机演示是运用电子投影仪放映演示文稿或教学课件进行的。这类演示能使教学内容得到允分表达，有助于激发学生的学习动机和集中学生的注意力，加深学生对知识的理解。随着现代科技的发展，这一类演示方式尤其是计算机演示，已经越来越多地渗入教师的日常教学中。例如，教师可用 Flash 动画演示植物细胞的质壁分离与复原、DNA 的转录与翻译过程等，也可用 PPT 或 CAI 课件辅助教学。

(四)挂图演示

挂图是教学中最早使用的，也是最常用的直观教具，不但制作方法简单，而且使用灵活方便，不受地点和条件的限制。挂图一般包括两类：一类是正规的印刷挂图，另一类是教师自制的简略图、设计图、结构图、分类图、表格图和象形图等。例如，高中生物教师在讲动植物细胞的结构组成时，可将动物细胞和植物细胞的亚显微结构模式图挂在黑板上，结合挂图进行对比讲解。挂图是教学中最常用的直观教具，在演示的过程中需要注意以下问题：第一，注意演示的及时性；第二，要将挂图、语言、文字有机结合；第三，可以画缩略图或使用辅助图配合主图。

(五)幻灯、投影演示

幻灯、投影演示，即使用幻灯机、投影仪进行的演示。它能够化抽象为具体、化虚为实、化大为小，向学生提供相关事物的丰富的感性材料。例如，教师若需要将某本书里的部分习题在课堂上给学生讲解，但文字内容又比较多，这时候就可利用投影演示进行教学。幻灯片制作简单、成本低廉，容易掌握，因此，在教学中运用广泛。在运用幻灯、投影的演示时，课前要设计好每一个细节，调试好所有的仪器；在演示的过程中，要配合相应的解说词进行讲解，了解学生观看时的反应；演示结束后，需要及时总结和留下思考题，并安排相应的活动。

二、演示的方法

(一)形象感知法

形象感知法是指教师通过展示挂图、实物模型、动植物标本，或用投影、录像等展示画面，利用声音、色彩、变化的图像，再配以生动的讲解的演示方法。心理学研究表明，人类感觉器官中，听觉器官对信息的接受率为11%，而视觉器官对信息的接受率高达83%。因此，教师应充分利用各感觉器官对学习信息的接受效应，充分利用视觉媒体的形象感知。这种方法可以用在教学的任何坏节中。

【运用案例】

• 小学语文：《美丽的小兴安岭》一文抓住了小兴安岭一年四季景色变化的特点，描写了小兴安岭的美丽诱人与物产丰富。这篇课文语言流畅、文字优美，字里行间流露出作者对小兴安岭无限的情与爱。然而，由于小学生生活经验少，对小兴安岭没有感性认识，任凭教师"千呼万唤"，学生对小兴安岭的"情"也难以激发起来。而借助电影，进行情境教学，便能收到良好的教学效果。上这一课时，教师先告诉学生，今天将带大家到小兴安岭去做一次愉快的旅游。学生们自然会兴致盎然。然后再用语言描述：请大家上飞机，闭上眼睛。接着开始播放相关电影片段，教室里响起隆隆的飞机声，逼真的声音仿佛真的让学生感到乘上了飞机，来到了小兴安岭。学生们一睁开眼睛，又从电视屏幕上看到了小兴安岭的美丽景色，便情不自禁地议论开来："小兴安岭的树真多啊，小兴安岭真美啊！"学生们置身于小兴安岭的美景中，心中怎能不涌动起由衷的情，由衷的爱呢？这里教师运用电影，达到了"入境始与亲"的目的，在这样的氛围中学生怎能不乐于观赏和学习呢？

• 小学英语：进行"On the Farm"教学时，为了让学生对讲述的动物有清晰的印象，教师从外形、给人的感觉、能力特点和该动物发出的声音入手，让学生清晰地感知该动物。首先，教师设计故事背景（如图 5-1 所示）——关在里面的动物是什么，

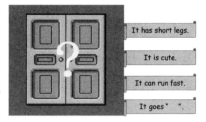

图 5-1　猜动物

引起学生的好奇心和思考；其次，教师一步步地给线索，从易到难，如先从动物的外形入手，再来讲述此动物给人的感觉，再次，讲述该动物的能力特点，并给学生听该动物发出的声音；最后，让学生猜出该动物是什么。在此过程中，学生也逐步了解了可以从哪些方面介绍动物。

• 中学语文：在进行议论文写作思维引导时，首先引导学生思考与观点相关的信息，重点突出寻找信息材料的方向性；接着布置任务，根据自己的观点，在互联网上搜索相关信息（如相似事件、相反事件、相关事件，如图 5-2 所示）；最后与同学分享自己的搜索结果。

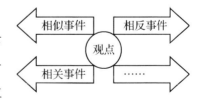

图 5-2　与观点相关的信息搜索

• 中学数学：进行《空间几何体的三视图与直观图》教学时，"长对正，宽相等，高平齐"是做三视图的要领。在讲解这一要领时，教师将一长方体实物模型放在讲台演示，引发了学生的有意注意，激起了学生的求知欲望，并加深了学生对做三视图的要领的理解。但在运用这种方法的时候，要特别注意引导和总结，将学生的感性认识提升为理性认识。

• 中学英语：进行"Module 5 Unit 2 The United Kingdom"教学时，教师拿着北爱尔兰、苏格兰、威尔士和英格兰的独立拼图，给学生边口述边演示（或者让学生阅读完课文之后自己演示）这几个地区在英格兰王国的分分合合，让学生更直观形象地感知其历史。

• 中学生物：进行《细胞器》教学时，可以利用线粒体、叶绿体等细胞器立体模型，让学生直观地感受细胞器的形态、结构上的区别，在教学中，教师通过引导学生观察模型的各个剖面图，通过触摸、辨析等形式，了解细微的结构差异。同时，结合挂图或者幻灯片演示各种细胞器的平面图，突出重要特征的同时，也训练学生抓住主要特征辨析细胞器的能力。在使用该方法时，应抓住学生易于混淆的结构特征进行有效变式和辨析，不宜采用眼花缭乱的图示、模型而失去教学重心。又如，在学习《DNA 的分子结构》一节内容时，可以通过展示 DNA 的立体模型，加深学生对 DNA 双螺旋结构特点的印象，还可以通过小组组装模型的方式，让学生更为直接地感受 DNA 模型结构。

• 中学地理：进行初中"地球的运动"教学时，教师让学生制作小地球仪，以感知地球上的特殊经纬线。其操作如下：让学生用球体和相应材料制作一个地球仪，并用不同颜色的线绘出代表南北回归线、南北极圈、赤道、本初子午线、国际日晨变更线、东西半球分界线等特殊的经纬线，并在自制的地球仪上标出生活的城市——广州市所在的位置，让学生领悟地球的形状，掌握地球仪的用途。通过制作地球仪，不仅可以丰富学生对地球的感性认识，降低学生空间思维的难度，而且可以为后面地球自转和公转的学习奠定良好的基础。

• 中学政治：进行《经济生活》"供求影响价格"教学时，教师可以先用线条式板书进行演示"供不应求→物价上涨→有利可图→扩大生产→供过于求→物价下跌→缩小生产→供不应求"。通过清晰的逻辑线索，教给学生学习"供求影响价格"的思维方法，为学生将来学习此类知识奠定举一反三的基础。

(二)质疑探新法

这种方法是指在演示过程中出现的现象会使学生产生疑问，因为用学生原有的知识无法圆满解释，而学生又被这些演示现象深深地吸引，迫切希望知道原因。在这个时候，教师可以有针对性地提出思考题，让学生结合实验过程中观察到的现象，讨论和探究新知识、新规律。

【运用案例】

•中学语文：在进行《湖心亭看雪》教学时，教师可以先问学生文中人又是如何评价这两人的，进一步问"痴"，究竟"痴"在哪？然后向学生问具体问题："痴行：是日更定，独往湖心亭看雪，大雪三日，湖中人鸟声俱绝。痴景：上下一白，惟长堤一痕，湖心亭一点，与余舟一芥，舟中人两三粒而已。"最后让学生明确不是"痴"，只是舟子不能理解的雅趣。通过不断的质疑，引导学生不断地从新的角度去思考"痴"在哪，从而培养学生敢于质疑的习惯。

•中学数学：进行《直线与圆》教学时，如何判断直线与圆的位置关系是教学重点。在讲授这个内容的时候，教师通过几何画板展示直线与圆的三种位置关系：相交、相切、相离。最后展示一个直线与圆近乎相切的情况，这是学生难以通过目测回答的问题。这样的展示引发学生的思考，如何通过定量计算更加准确地判断直线与圆的位置关系。学生深深地被这个问题吸引了，投入到认真的思考中。这种方法要求我们要认真设计问题，清楚地阐述遇到的问题，并为学生预留充足的思考时间。

•中学地理：进行"地球自转"教学时，教师引导学生思考：如果地球自转的方向不是自西向东，而是自东向西，全球将会出现哪些自然现象？通过引导学生质疑"地球自西向东自转"这一自然现象，教师启发和诱导学生从多方面或相反的角度思考问题，使学生善于应用不同的知识、不同的方法解决地理问题，摆脱思维定式和迁移的消极作用的影响，体现地理思维的批判性。

(三)观察归纳法

教师通过演示实验，将现象展示在学生面前。学生边观察边思考，教师边操作边归纳，通过分析归纳即可从一些特殊性的个别事例中推出一些一般性的规律和原理。

【运用案例】

• 小学语文：进行《充气雨衣》教学时，教师出示图片并说："同学们，下雨了，许多人穿雨衣出行、旅游、上班、上学、划船……我们班哪些同学下雨天也是穿雨衣出行？能说说穿雨衣的方便之处吗？"(学生回答：可以遮住背上的书包不被雨水淋湿；轻便，比打雨伞方便，可以腾出手来干别的……)"有没有同学感觉到穿雨衣也有让人烦恼的地方呢？"(有不少同学说穿雨衣的时候，雨水会顺着雨衣的下摆流到裤腿上，被风一吹，冷极了。)"同学们分析归纳出了雨衣的优缺点，我们有什么办法来改进一下以解决雨衣的不足呢？我们一起来学习第 16 课《充气雨衣》。"通过对生活中事物的观察，学生能够描述出"雨衣的优缺点和改进方法"，培养了学生的观察习惯与归纳能力，充分展现了语文学科的工具性与人文性的结合。

• 中学语文：在进行时评的写作时，教师将其分为两部分：一是思考；二是写作。先引导学生关注热点，然后多角度进行联想，最后通过鲜明的观点、充分的例子和清晰的结构进行表达；同时这种写作过程也适合其他时评的写作。

• 中学数学：教师讲解"三角函数图像的平移"专题课时，可以用几何画板演示以下几种情况：将函数 $y=\sin x$ 的图像上所有的点向右平行移动 $\frac{\pi}{10}$ 个单位长度，所得函数图像的解析式为 $y=\sin\left(x-\frac{\pi}{10}\right)$；将函数 $y=\sin x$ 的图像上所有的点向左平行移动 $\frac{\pi}{10}$ 个单位长度，所得函数图像的解析式为 $y=\sin\left(x+\frac{\pi}{10}\right)$；将函数 $y=\sin x$ 的图像上所有的点向上平行移动 1 个单位长度，所得函数图像的解析式为 $y=\sin x+1$；将函数 $y=\sin x$ 的图像上所有的点向下平行移动 2 个单位长度，所得函数图像的解析式为 $y=\sin x-2$。通过四个函数的图像平移演示，引导学生归纳三角函数图像平移的规律"左加右减、上加下减"并阐述清楚横移的实质是把所有 x 替换为 $x+a$。采用观察归纳法就是从特殊到一般的认识事物的规律方法，这一方法能帮助学生通过观察获得经验，通过思考归纳结论。在运用这一方法的时候，需要教师展示的情况全面而典型。

• 中学物理：进行初中物理"熔化"教学时，教师在演示松香熔化的实验过程中，让学生观察、记录现象特点和物理规律。其过程如下：读出松香的温度，每隔 30 秒读出一个温度；松香由硬变软，记录松香状态——变软，温度如何变化；松香黏黏糊糊的，这叫作黏稠状，记录松香状态——变稠，温度如何变化；松香变成透明液体，记录松香状态——液体，温度如何变化。该实验是初中物理学生分组探究实验的第一个实验，探究七要素并不可能在短暂的 40 分钟内进行，因此要在不同的探究实验中侧重落实不同的探究要素。本实验侧重于实验观察和记录数据，通过有条理的表格帮助学生落实需要观察的内容和需要记录的数据，培养学生的实验观察能力和动手能力。同时，通过观察与记录，培养了学生严谨的科学态度和科学地获取数据的方法，从而落实在物理学科中培养学生能力的课程目标。

• 中学化学：在"分子总是在不断运动"的教学中，教材安排了"活动与探究实验"（如图 5-3 所示）。这个实验操作不复杂，但是对实验现象的分析需要有较大的思维容量。

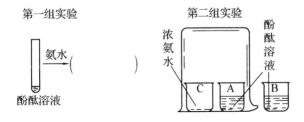

图 5-3　活动与探究实验

　　教材是运用这一实验推导出分子的性质，即此实验是用于帮助学生建立微观模型的，但是由于学生在物理课上已经学过有关分子的知识，教师只需归纳、整理、总结即可初步建立分子模型，因此在教学设计时，将这个实验的功能进行转变，由建立模型变为应用模型。教师通过演示实验，边操作边提出问题：在第一组实验中，酚酞溶液为何变红？在第二组实验中，为何 A 烧杯中的酚酞变红而 B 烧杯的没有变红？并且将现象展示在学生面前。学生边观察边思考，师生共同分析归纳：第一组实验告诉我们，酚酞要接触到氨水才会变红；第二组实验中，C 烧杯中的氨气分子跑到了 A 烧杯中使之变红，而由于大烧杯的阻隔，C 烧杯中的氨气分子并没有跑到 B 烧杯中，因此 B 烧杯中的酚酞没有变红。从而得知：分子是在不断运动的。

　　•中学生物：在进行《降低化学反应活化能的酶》教学时，通过课堂演示实验，比较过氧化氢在不同条件下的分解。通过引导学生观察和对比常温下、加热条件下、加入 $FeCl_3$ 和肝脏研磨液这四种条件下过氧化氢溶液气泡产生的数量。通过实验的对比和引导，让学生根据现象分析出现相应现象的原因，从而得出酶在化学反应中的作用和活化能的概念，并借用催化剂的比较，得出酶相对无机催化剂具有高效性的特性。

　　•中学地理：进行"中国降水"教学时，首先教师引导学生从形象表征"我国年降水量分布图"和"哈尔滨、北京、武汉、广州降水量年变化柱状图"中，通过整体和局部对中国降水这一问题进行观察，让学生在大脑中判断该类问题是属特征问题——中国降水的特征。然后再引导学生从空间和时间上分析，归纳中国降水的特征为"降水量从东南沿海向西北内陆递减；降水集中于夏、秋两季"。在观察归纳中，教师运用形象表征和整体把握策略，有助于学生从整体上把握中国降水的特征，形成形象的图景，激活创新思维，提高解决地理问题的能力。

(四)引奇激趣法

　　这种方法就是用一个打破学生原有常识或思维定式的案例引起学生的兴趣，再通过实验或事实将现象展示给学生。学生的好奇心和兴趣往往能转化为对学习的有意注意。教师的演示实验能以其特有的奇妙现象引起学生的注意和兴趣，从而使学生以积极的态度主动学习。

【运用案例】

• 中学数学：进行《直线、平面垂直的判定及其性质》教学时，教师按照学生的直观思维做了这样的演示：平面外一条直线垂直平面内无数条直线，那么这条直线不一定和这个平面垂直。教师马上提出另一个问题：平面外一条直线垂直平面内无数条直线，那么这条直线和这个平面垂直吗？学生们议论纷纷。教师顺势展示线面垂直与不垂直两种情况，从而引发学生对这节课的重点内容——直线与平面垂直的判定条件的思考。精心设计的问题配合有效的演示方法，可以激发学生对新内容的兴趣，将抽象的数学具体化并且能够更直接有效地揭示数学问题的本质。这种方法要求我们要了解已有的知识储备，预设学生直观思维的各种情况，抓住学生经常发生的错误认知，再进行贴合学生情况的展示设计。

• 中学英语：进行"Module 6 Unit 1 Art"一课中的词汇教学时，教师提出问题"attempt 与 try 的区别"。为了让学生更明确 attempt 的用法，教师列举了以下几个例子并提问："He attempted the exam but failed.""I attempted to speak but was told to be quiet.""I attempted at walking until I fell over."教师问："句子中的主人公有什么共同点?"学生们的好奇心立刻被激发起来。经过这几个句子的观察，学生们很快领会到了 attempt 通常指的是"失败的尝试"。

• 中学物理：进行高中"闭合电路的欧姆定律"教学时，按照初中的知识，依次闭合开关后，小灯泡的亮度不会改变，但是按照图 5-4 设计的电路实验却呈现出依次闭合开关后，每个小灯泡的亮度都越来越暗的现象。这个实验与学生在初中的物理知识相冲突，因此极大地引起了学生的好奇心和求知欲，在这样的学习动机下，学生对物理新规律的理

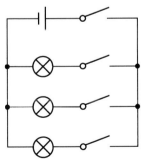

图 5-4 闭合电路实验

解就变得积极主动起来，这有助于学生对物理规律的建构。

• 中学化学：在"燃烧与灭火"的教学中，教材是使用一组与火相关的图片进行引入的。但如果能用一些鲜明有趣、令人叫绝的实验现象，可以创设一些生动活泼的教学情境，大大提高学生的学习效率。例如，补充一个非常简单而有趣的实验："烧不毁的钞票"，类似"烧不坏的手帕"。显然，相对于"手帕"或"棉布"，"钞票"更能引起学生的兴趣。为增加效果还可在乙醇溶液中加入少量的 NaCl 使火焰的颜色呈现橙黄色，现象明显，引人注目，震撼学生。在教学过程中，教师事先自备钞票或示范时向学生借用，增加师生间的互动。事实证明，趣味横生的实验现象有助于创设生动活泼的教学情境，激发学生学习的兴趣，比单纯地使用图片的效果要好。

第六章　指导的技能

【故事情境】

　　小王同学是个"数学迷"，学习数学积极认真，每天课前认真预习，课上专心听讲，课后敢于质疑，作业也做得一丝不苟、整整齐齐。她经常找老师请教数学问题，还单独做很多课外练习题。期中考试考了90分，排名全班第一，期末却考了69分，这个分数与她的付出显然不成正比。数学老师对她的笔记和试卷进行了分析，发现了她的不足：答题不规范，随心所欲；当题目有点变化后，不能很好地应对；对老师的讲解及课堂笔记存在很大的依赖性，从而不愿意做进一步的思考和分析；不能把握重点知识，喜欢在细枝末节、无关紧要的知识点上下功夫，俗称"钻牛角尖"，结果耗费时间和精力，做了大量的无用功，因此成绩不稳定。

【我的思考】

　　结合故事情境，你认为案例中的数学老师做得对不对。如果你是该教师，你会怎么做？如果需要你给小王提供指导，你会使用哪些指导方法？

第一节　指导技能的概述

　　教学指导技能是教师教学的核心技能之一。韩愈在《师说》里说："师者，所以传道受(同"授")业解惑也。"不论是传道、授业还是解惑，都需要教师根据学生的实际情况给予适时、适当、适切的指导。叶圣陶曾说："教是为了达到不需要教。"为了将来"不需要教"，需要明确"导"的方向，讲究"导"的质量，提高"导"的艺术，注重"导"的效果，真正地、扎扎实实地"教"好。因此，每位教师都必须掌握娴熟的教学指导技能。

一、指导技能的内涵和意义

(一)指导技能的内涵

教学指导技能是指教师想方设法传授知识与技能、解答学生疑问与困惑、促进学生发展的教学行为方式。广义上来说，教师对学生所做的所有讲解、示范等都是一种教学指导。可见，教师的教学行为在最广泛的意义上都具有指导性，都可视作教学指导行为。狭义上来说，教学指导是指学生在学习中遇到困难与疑惑时，教师给予的有针对性的指点、引导与帮助。这里所谈的教学指导侧重于后者。

随着教学改革的深入，人们由重视研究教师怎样教，逐步转变为研究教师怎样指导学生学。教学追求的目标，不仅是让学生学会知识，还要让学生学会学习。这样，学法指导技能便成为教师指导技能的重要内容，本章主要探讨的是学法指导。

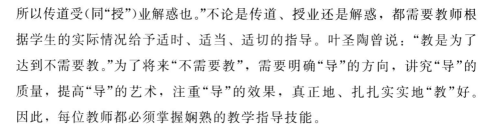

教法指导和学法指导的区别是什么？

所谓学法指导，是指教师在教学过程中有目的、有计划地指导学生掌握科学的学习方法，以提高学生自学能力的一种教学指导方式，其本质意义在于充分调动学生自主学习的积极性。

(二)指导技能的意义

教学指导体现了教师的教学水平，也决定了学生学习的质量。教学指导对教师的教与学生的学都具有重要的意义。

1. 符合世界教育发展的趋势

教学，是把重点放在"教"上还是放在"学"上，历来是教学研究的重点问题之一。20世纪70年代，联合国教科文组织成立了教育发展委员会，对世界的教育状况进行了全面考察，然后起草了一份《学会生存——教育世界的今天和明天》的报告。该报告深刻阐述了由于科技的发展、知识的骤增，世界教育所面临的挑战和对策，鲜明地提出了"学会学习""社会学习化"和"终身教育"的口号，认为教育者应该更努力寻求获得知识的方法。美国教育家布鲁姆在《教育过程》一书中，提出了"学习方法"的口号。苏联教育家赞可夫把"使学生理解学习过程"作为教育的五大原则之一；苏霍姆林斯基则鲜明地提出了"教会儿童学习"的口号。总之，"教学生学会学习"已经成为当前世界教育发展的趋势，进行学法指导，正是顺应了这一世界教育发展的趋势。

2. 提高人才素质

未来的人才，不仅应该是掌握丰富知识的人，而且应该是具有获得新知识的方法和能力的人。学生在校学习知识与掌握学习知识的方法，二者都是重要的。相对而言，后者更为重要。黑格尔曾说："方法是任何事物所不能抗拒的最高的无限力量。"达尔文也曾指出："最有价值的知识是关于方法的知识。"方法虽然也属于知识范畴，但它已经不是一般的知识，而是获取知识的知识，因而有更广泛的迁移性。一个结论往往需要在某种特定条件下才能运用，而获取结论的方法，却可以超越这个范围获得广泛的运用。未来的人才必须掌握学习方法，才能适应迅速发展变化的社会生活。

3. 有助于发挥教师的主导作用

对课堂教学而言，学生大部分时间是在教师的指导下进行学习的。在教学活动中，教师处于教学的主导地位。学生学习的好坏、教学效果的优劣很大程度上取决于教师的指导水平、指导方式方法等。教学指导不仅要使用教学技能、应用指导向学生"传道授业"，还要帮助学生"解疑释惑"。教学指导可以充分发挥教师的教学主导作用。为此，教师要为学生指明方向、点拨重点、牵线搭桥、铺路设阶、归纳总结，使教师的教学主导作用在教学指导过程中得到充分体现。

4. 能够激发学生的学习动机

教学指导能够激发学生的求知欲望，使之产生强烈的学习动机。在教学指导中，教师通过精彩讲解、实践演示、创设情境、"卖弄关子"、设置矛盾等方式可以激发学生的学习兴趣和积极性，使学生产生跃跃欲试、寻根究底的学习状态。颜渊说："夫子循循然善诱人，博我以文，约我以礼，欲罢不能。"(《论语·子罕》)教学诱导中的"诱"就是要吊起学生的胃口，引发学生的学习兴趣和求知欲望。良好的教学指导不仅能够激发学生的学习动机，而且能够让学生长时间地维持积极的学习动机。

5. 能够提升学生的思维品质

教学指导可以锻炼学生的思维方式，提升学生的思维品质。教学指导绝不是教师代替学生去寻找答案，而是引导学生自己去探索、比较、归纳、综合，自己去解决问题。这个过程需要学生思维的高度介入。教师对学生的启发指导，不仅体现在教学内容上，更体现在思维方式方法上。教师的许多指导是直接点击在学生的思维点上的。教师通过拨动学生的思维，促使学生在思考中探索，在探索中发现，在发现中解决。学生在思考的过程中学会思考，思维方式在思考中获得，思维品质在思考中提升。

6. 促进学生认知的发展

教学指导是一个循序渐进的过程，是一个促进学生认知由低到高不断发展的过程。教学指导引导学生积极思考，把学生的思维从感性认识上升到理性认识，从而加深学生对事物的理解与认知。经过教学指导，学生对事物的理解与认识会比原来更加全面、更加深入、更加合理。因此，教学指导可以促进学生认知的发展。

二、指导技能的特点和原则

(一)指导技能的特点

1. 主体性

教学是教师教学生学的活动，存在着教学主体的双重性。教学过程中既要充分发挥教师的主体性，引导学生能动地理解和掌握知识，促进学生潜在主体的发展，又要激发、调动学生的主体性，在教师主导、

> 优秀的教师应在课堂教学中如何指导学生学习？

学生主动的配合下，达到教学的最佳状态。关注人的主体能动性、主体意识、主体精神、主体潜能的充分发展以及它们在教学中的作用，成为现代启发、引导教学的主要特征。

2. 主动性

主动性是指在启发引导教学活动中，学生学习的自觉性、积极性得到有效的发挥。体现在学生对学习的意义有明确的认识，掌握科学的学习方法，使学习兴趣、情感、态度和思维处于高涨、主动积极的状态。学生的主动性表现在学习动力和学习方法两方面，离开学生的积极主动性，促进学生的发展和成长则会显得苍白无力。一般来说，学生学习的积极性、主动性并不是自发产生的，需要教师采用一定的路径来启发和引导，从而逐步形成学习的主动性、积极性和自觉性。

3. 民主性

教师不再是知识的占有者、真理的化身、权威的象征，而是"学习共同体"中和学生一起学习、探索、研究的参与者、指导者和促进者。因此，教师的教学建立在充分尊重学生内在学习需求的基础上，创设民主、平等、和谐的课堂氛围，启动学生求知欲和兴趣，激活学生的思维和想象力，让学生通过对问题的质疑、研究和探索，寻找解决问题的方法或答案。教学的过程不仅包括教师启发引导学生，而且包括师生之间和学生之间通过信息的多向传输和驱动、相互启发诱导，从而在具体现实的教学情境中生成新的知识和方法。在这样的课堂文化中，师生的思维相互碰撞而闪烁着智慧的火化，教学过程成为师生间经验的共享、视界的融汇、情感的共鸣、思想的升华之动态过程。

4. 发展性

发展性是指在教学过程中，教师的"教"能有效地促进学生的学，促进学生的全面发展和可持续发展，从而使教学活动真正富有成效。这一目标的实现不是自然而然的，需要一定的条件和机制，启发引导教学能使这种转化富有成效，并实现发展性的目的。

(二)指导技能的原则

教师在实施指导的过程中，必须遵循以下原则。

1. 针对性原则

针对性原则就是要针对学生的实际特点和实际问题，对症下药地指导。这是学法指导的最根本原则。贯彻这一原则的要求有如下三点：首先，要针对学生的年龄特征。比如，小学生知识水平有限，思维水平低，注意力不能持久，学习技能不熟练。因此，指导要具体、生动、形象，多举典型事例，侧重于具体学习技能的培养，使学生养成良好的学习习惯。其次，要针对学生的学习类型差异。学生的学习类型大致可分为四种，即优良型——"双基"扎实，学风踏实，学习有法，智力较高，学习成绩稳定在优秀水平；松散型——学习能力强，但不主动，学风不够踏实，"双基"不够扎实，学习成绩不稳定；认真型——学习刻苦认真，但方法较死板，能力较差，基础不够扎实，成绩上不去；落后型——学无兴趣，不下功夫，底子差，方法谈不上，能力弱，成绩差，处于学习脱轨和恶性循环状态。类型不同，指导方法和重点不同。对于第一类，要侧重于帮助学生总结，并自觉运用学习方法；对于第二类，主要解决学习态度问题；对于第三类，主要解决方法问题；对于第四类，主要解决兴趣、自信心和具体方法的问题。最后，要针对学生的学习环境和条件。学法指导一方面要努力为学生创设良好的物质环境和条件，另一方面又不能过分强调物质环境的作用。从实际出发，对条件好的学生，要激励他们珍惜优越条件，充分利用条件，发展更大的主观能动性；对条件差的学生，要鼓励他们克服困难，在逆境中前进。

2. 整体性原则

整体性原则是指在指导过程中，要注意学习方法与其他学习和整个心理活动的有机联系。从学习方法不当的成因中，我们不难看出，要想使学生形成正确的学习方法，需要从多方面进行指导和训练，还要提高学生对学习方法重要性的认识、对学习特点的认识、对自身状况和条件的认识，要激发学生的学习动机，增强学生的意志力等，只有这样，教师才能从根本上帮助学生掌握正确的学习方法。所以在进行指导时，要把学习方法放在一个大的背景中考虑，不能为方法而方法。只有坚持整体性原则，才能使指导更加有效、准确和持久。

3. 实用性原则

实用性原则是指在学习方法指导过程中，必须要以学生的学习实践活动为基础，仅从理论上阐述、解释是远远不够的。指导的目的是要让学生在较短的时间内学有所得，改正不良方法，形成正确的学习方法。指导时要少讲理论，要具体讲怎么做，要通俗易懂、潜移默化，使学生在很短的时间内学会怎么做。例如，要使学生学会科学的记忆方法，就必须在讲解记忆方法的基础上，进行大量的练习与训练；要使学生提高阅读效率，就必须引导学生多读书、读好书，在大量的阅读实践中掌握阅读方法。

4. 渗透性原则

渗透性原则是指要把学习方法指导渗透到整个教学过程中，渗透到各科教学中，使学生通过具体的学习活动掌握科学的方法。大多数学习方法不当的形成与教学过程有关，是由教学过程引起的，因此，教师在课堂教学中，要把传授学习方法结合起来，使学生在学到知识的同时也学到方法。

三、指导时需要注意的问题

教师在指导的过程中，需要注意以下四个问题。

(一)忌盲目指导

教学指导是一项针对性非常强的教学活动，其前提是教师对学生的深入了解和对学生学情的深入把握。只有深刻了解学生、把握学生的学情，才能有针对性地对学生进行指导。如果不了解学生的需要，不给学生留出足够的自我思考、自我努力的空间，教学指导就是盲目的指导。

(二)忌越俎代庖

教学指导并非"越俎代庖"，也不是"强行灌注"，更不是"牵着鼻子走"，而要如《学记》所云："道而弗牵，强而弗抑，开而弗达。"

(三)忌简单机械

教学指导是一种需要教师多方设法、灵活处理的教学活动，具有很强的灵活性。如果教师只会用单调的方式方法指导学生，就会缺乏指导的针对性，难达指导的有效性。时间长了，还会抑制学生的学习积极性。因此，教师应掌握多种教学指导的方式方法，根据情况灵活指导、巧妙指导。

(四)忌缺乏耐心

教学指导是一项细致的教育技术，需要教师掌握多种方法，也需要教师有足够的耐心，缺乏耐心就会导致指导的粗疏。应付了事的指导，不能收到指导的效果。教学指导要求循循善诱的同时也包含着教师要有足够的耐心。教师要具备诲人不倦的精神，耐心指导、细心指导、精心指导，才能取得良好的指导效果。

> 你认为在指导学生学习时还应注意哪些问题？

第二节　指导技能的方法与运用案例

一、直接传授法

直接传授法是教师通过讲解、示范直接教授学生的方法。直接传授法的具体方式有两种：一是开设学法指导课分专题直授；二是结合学科教学分散直授。比较而言，后一种做法效果较好。如预习、上课、复习、作业等，宜用直接传授法进行学法指导。又如，课前预习的方法，教师可直接提出如下要求：厘清教材思路，抓住教材要点，提出疑点，然后让学生按要求预习教材。各学科的特殊学习方法，亦可通过直接传授的方式进行学法指导。例如，课文阅读，教师可直接讲授"四读法"，即粗读，把握文章线索；细读，理解文章内容；精读，领会表达方法；熟读，记住重点句段。教师直接讲授学习方法时，对学习方法的概括必须要简明扼要，以利记忆；要尽可能地结合实例进行讲授，以利理解；要在以后的教学中不断指导学生运用，以利巩固。

【运用案例】

• 小学英语：进行"Could You Tell Me the Way to Guangzhou Zoo，Please？"
教学时，在预习阶段教师用问题来引起学生的注意：How to ask the way？How
to say "往左拐，往右拐" in English？How to say "直走" in English？教师让学生
在预习前细读三个问题，预习时围绕这三个问题来预习，当学生能回答这三个
问题时，就可以说学生的预习有效。应注意要抓住要点，提出疑点。

• 中学语文：在进行 2014 年第一次模拟考试的作文教学时，很多学生
对于校服"涂画"现象无从下笔，因此教师给学生画了一个表格，让学生进
行填写。完成之后，让学生们得出结论：怎样选好角度下笔呢？一是内容
与含义要准确；二是观点单一要明确，切忌面面俱到；三是具有时代意义，
即深刻。（如表 6-1 所示）

表 6-1 中学生校服上的涂画现象

角度	基本点一：材料内容	基本点二：含义	立意及观点（看法）
场景一	画了机器猫，又用涂改液涂掉	标新立异、彰显个性、青春特质	赞成： 1. 标新立异、彰显个性是青春的特质 2. 是热爱生活、追求时尚的表现
场景二	学生让歌星（偶像）直接在校服上签名	青少年对偶像的崇拜	反对： 1. 有违校规，有损校容 2. 如此表达个性，是不恰当、不理智的表现
综合场景一和场景二：涂画喜爱之物，是表达思想、寄托情感的方式，学生在校服上涂画，折射出学校管理和学生个性发展的矛盾冲突			
场景三	学生认为校服便宜，把校服当纸张，在上面试笔	对校服不珍视的生活态度	反对： 1. 对物质不珍惜的生活态度 2. 生活散漫、不重视细节的不良习惯
综合角度	校服涂画现象	社会、学校、个人	表明社会对学生个性发展、审美取向的关注

通过直接传授法，学生对如何写"中学生校服上的涂画现象"一目了然，
且思路清晰。

• 中学生物：进行"直角坐标曲线解题一般步骤"技能专题教学时，教师可以先通过提问的方式来了解学生对"建坐标系"的注意点，从而了解学生掌握程度的大致情况。之后直接呈现直角坐标系建系的一般步骤：定轴—定点—描线—标名。然后以与教材有关的坐标曲线为示范，讲授定轴与自变量和因变量的确定，起点、终点、转折点等的生物学含义的分析等内容，并通过改错的形式，让学生运用刚才教授的方法和得分要点评析并更正有关不正确的坐标曲线。最后引导学生通过自我总结和归纳，明确直角坐标曲线解题的一般步骤和得分要点。

• 中学历史：在一般的历史试题讲解中，教师多会采用一种方法，即先讲一道题，再讲一类题，归纳该类型题目的一般解法，再推断还有哪些特殊情况。比如，选择题中带有时间节点的词语"最早、最迟、完全"等，这些都是涉及时间和程度的，与历史发展阶段密切相关，在选择时要尤为注意。直接传授法在整理一课内容线索时显得更为重要。比如，现行体例的教材中，《夏商西周的政治制度》中的三个子目标题"从禅让制到王位世袭制""等级森严的分封制""血缘关系维系的宗法制"的关系要厘清，这是理解本课内容的关键。

• 中学地理：图表是地理的第二语言，地理图表的阅读指导在地理课堂教学中显得尤为重要。例如，中学地理教材中的示意图大多是对地理事物的联系、过程的特征示意性描述图，主要是为了配合学生理解地理概念和地理原理，图中说明的是"为什么"的问题。因此，在教学中教师要着重引导学生分析图中有直接反映概念内涵的部分，领会由因到果的推理环节和过程，从而归纳因果关系，发展学生的逻辑思维能力，达到培养学生的思维技能的目的。读示意图的策略可概括为：观察地理事物—分析地理事物的变化—揭示发展过程和联系—归纳规律。例如，水土保持护坡林带的作用示意图（如图6-1所示）。第一，引导学生观察图中的两排树木表示什么；第二，引导学生观察图中的箭头由黑粗变为细虚是表示什么；第三，引导学生分析箭头为什么会由黑粗变为细虚；第四，引导学生归纳林带的作用是什么；第五，引导学生分析归纳我国营造这种林带的重点地区在哪里。

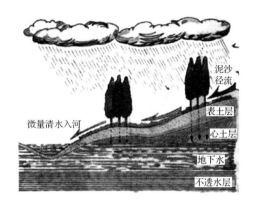

图 6-1 水土保持护坡林带的作用示意图

二、归纳总结法

归纳总结法是指学生在接触了较多的具体材料之后，教师引导学生从不同类的若干个例子中，归纳出某种学习方法。归纳总结法与直接传授法的不同点在于：直接传授法是直接教给学生某种方法，再将这种方法用于实践之中；归纳总结法是先接触个别实践，再从中归纳方法。在教学中，归纳总结法与直接传授法常常是相互结合运用的。比如，理科的教学，常常要教例题；文科的教学，也少不了要举例子。教师教例题，举例子，不能停留在指导学生理解个案的水平上，而要对某个例子进行概括、抽象，让学生从理解个别实例上升到掌握一般方法。例如，掌握英语单词是学习英语的一个难点，当学生掌握了一定量的单词以后，教师可以适当地引导学生掌握外语单词的若干方法，学生掌握了这些方法，难点就不难突破。

【运用案例】

• 中学语文：在进行《那树》教学时，进行总结时可以引用：什么是享受？一杯新茶，一碟瓜子，一本好书；但倘若书好，那么可以免去一道瓜子；再好，可以免去茶，一本书足矣。这便是读王鼎钧散文之感。通过截取重点，概括出王鼎钧散文的特点，并对全文进行总结。

• 中学化学：进行"酸、碱、盐的概念"复习时，指导策略如下：首先，教师要给出几种重要的元素，学生根据已有知识和已有经验，可以写出几种化合物或者单质，当然在这个环节所写的化合物种类和数量的多少根据学生的学习程度来定，有的学生写得比较多，有的只写出来几种。教师在这里可以进行引导："同学们写出来的几种物质，按照物质分类都属于哪些类别？"有的学生在这时很可能会感到迷茫，确实忘记了"物质的分类"，这时教师可以展示"物质的分类"树状图来引导学生，再提问："从物质分类的角度，同学们写出的物质中哪些属于酸、哪些属于碱、哪些属于盐？"下一步，教师可以将由所给元素组成的常见物质排列在一起，即酸、碱、盐，金属、金属氧化物，非金属、非金属氧化物，让学生找出两两反应的物质，写出相应的化学方程式，并根据反应厘清酸、碱、盐的概念，即对酸、碱、盐各自的化学性质进行复习。

• 中学生物：在复习激素这部分内容时，可以以下面这一题作为练习：如图 6-2 所示的是酶、激素、蛋白质、抗体四者的关系，下列有关叙述正确的是哪个？

A. 1、2、3 分别表示激素、酶、蛋白质

B. 能产生 4 的细胞一定能产生 3

C. 能产生 3 的细胞一定能产生 1

D. 物质 1 都是由专门器官产生的

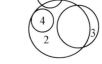

图 6-2　酶、激素、蛋白质、抗体之间的关系

该题综合考查学生对酶、激素、蛋白质、抗体这四者在合成的细胞、化学本质方面的差异，结合题目讲解，可以让学生进行归纳总结，并加入神经递质这一对比项，通过对比让学生更好地掌握有关知识，并指导学生从以下方面进行列表对比（如表 6-2 所示），让学生结合讲解进行梳理。

表 6-2　酶、激素、神经递质、抗体四者之间的关系

	化学本质	产生的细胞	作用后是否失活	作用机理
酶				
激素				
神经递质				
抗体				

通过表格的对比，一方面，解决了酶、激素、神经递质、抗体易混淆的知识点；另一方面，通过归纳，也能加深学生对催化作用、激素调节、神经调节、免疫调节等知识点的理解。

• 中学历史：以"2014 年广州市普通高中毕业班综合测试（一）文综历史第 12 题"为例：它使"由众多血缘部族邦国形成的联盟制转变为由众多地域国家形成的相对一统天下，向真正意义上的统一的地域国家迈进了一大步"。"它"是指（　　）。

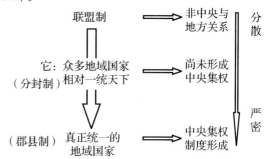

图 6-3　关于联盟制、分封制、郡县制的思维导图

A. 分封制　　　B. 宗法制　　　C. 郡县制　　　D. 中央集权制

这一道题中，学生对于四个概念的内涵和外延并不是特别清晰，对于这一类型的历史题目，最好让学生在头脑中形成思维导图（如图 6-3 所示），以便明确概念间的关联和各自的特性。

• 中学地理：进行《区域农业发展——以我国东北地区为例》教学时，教师运用"建构框架、表述结论、反思修正"的方法来指导学生的学习。首先，教师在引导学生总结用分析与总结的策略来解答东北地区农业发展系列问题的结果时，要求学生根据问题建构解答问题的框架，确定回答问题的主要项目。例如，在学生解答"东北地区发展农业的地理条件是什么？"时，教师要求学生思考"解答'东北地区发展农业的地理条件是什么？'这一问题的框架是什么？解答问题的主要项目有哪些？"。其目的在于引导学生在分析与综合中建构学科知识主干和思维框架。学生思考后答："解答这一问题的基本框架是农业区位因素，解答问题的项目主要是与农业发展相关的要素，主要包括气候、地形、土壤、森林资源、工业基础等。"其次，教师向学生讲授表述地理结论的要求：明确题意，言之有理；紧扣题意，言简意赅；逻辑严密，层次分明；符合规范，表达准确。其目的在于通过日常课堂教学，训练学生学科知识的表述能力。再次，教师要求学生以小组为单位，按照上述要求回答东北地区农业的系列问题，并在小组内讨论文字的组织、层次的划分以及措辞的准确情况。最后，教师要求学生对问题的结论和分析与归纳的思维过程进行反思：最终的结果是最好的选择吗？这个办法同其他办法相比如何？是否还有一些解决办法没有被考虑进去？在问题解决过程中做得如何？如何进一步改进？学生通过对上述问题的思考，能更好地理解在分析与归纳过程中的某一策略的用途和适用范围，更清楚地认识了问题的解决过程，从而改进问题的解决技巧、提高问题解决的效益，使学生在反思与修正中突破，循序渐进，逐步完善，从而使学生的地理思维方式更科学，思维过程更严谨。

三、随机指点法

随机指点法是指在教学过程中随机点拨学法。所谓"随机点拨"，是指这种点拨不一定是有计划的，不一定是事先安排好的，而是在教学过程中偶然出现了需要点拨学法的情境时，教师顺势进行点拨。每个学科都可以运用随机指点法进行点拨。点拨，关键是要抓住时机。因为点拨的时机带有偶然性，稍纵即逝。点拨的最佳时机，是学生处于"愤""悱"之际，即学生处于想找正确结论，但又苦于没有方法找到正确结论之际。此时点拨，有如"好雨知时节"，必将产生"润物细无声"的效果。

【运用案例】

· 中学语文：进行《背影》教学时，教师可通过问题随时指点学生："我们去开运动会，父亲也不止买两个橘子这么简单吧？怎么作者会对这次送别印象这么深？有什么原因？你们的家庭是否有类似的情况？"通过问题引导学生进行思考。

· 中学生物：进行《细胞的呼吸》教学时，教师常有如下设问："根据影响呼吸作用的有关因素说出种子储存的条件并分析原因。"这个的问题通常是让学生进行思考讨论后回答，学生在回答的过程中，往往会忽略一些条件。这个时候教师可以提醒学生回扣问题本身，并让学生回忆影响呼吸作用的有关因素有哪些，指导学生紧扣有关知识回答。也会有一些学生只是回答影响因素而没有分析原因，这个时候教师应指导学生明确问题的具体内容。在学生的回答中可能会出现不规范表达或者没有使用专业术语等问题，应予以及时指正。通过这样的指导和训练，可以提升学生回答问题的准确性和表达的规范性。

• 中学历史：进行《古代希腊的民主政治》教学时，要辨析对希腊民主政治的评价，教师在学生的辩论过程中，采用随机指点法。如学生提到希腊民主政治是少数人的民主时，教师随机提示："哪些人享有民主？"通过明确公民的概念，进一步确定民主的局限性。根据学生的作答情况及时点评，若出现不合理答案要及时指正，要规范学生的答题用语以便为做主观题打下基础。

四、知识链接法

知识链接法是指学习某种新知识时，唤起学生对同类旧知识的回忆，找出新旧知识的连接点，从而掌握学法的一种指导方法。任何新知识，都会与某种旧知识有相似、相通之处。引导学生对新旧知识的相似、相通之处加以抽象概括，便成为掌握知识的方法。语文，有不少同类型的课文；地理，有不少相似的环境；数学，有不少解题思路大同小异的题目。教授新知识的时候，适当地引进同类旧知识，并加以分析、比较，找出规律，学生的学习水平便能得到提升。

【运用案例】

• 小学英语：进行"How Many Terms Are There in a Year?"教学时，因为要讲到月份，因此可以从季节入手，先复习季节，从一年有几季开始。例如，先复习：How many seasons are there in a year? 然后讲授：How many months are there in a year? 最后讲授 What months are in spring/summer/autumn/winter? 但应注意：要先唤醒学生的旧知，然后来学习新知。

• 中学语文：进行李白《行路难》(其一)教学时，教师可由"乐府古题，多咏叹世事艰难及贫困孤苦的处境"让学生联想比较学过的诗歌体裁和乐府古诗，目的是明确乐府古诗和一般的韵律诗是有区别的。

• 中学生物：进行《通过激素调节》教学时，教师常会围绕激素调节这一概念从分泌的器官或细胞、作用、化学本质等角度做概念分析。在分析完概念后，常会链接到酶的概念，并对比两者的差别。通过知识链接和对比，强化了激素分泌的专门化，换而言之，能产生酶的细胞不一定能分泌激素，而能产生激素的细胞一定能产生酶；也强化了激素作用的本质是调节，而酶的作用是催化等知识点。通过知识链接，能实现对原有知识的巩固，也是对现学知识的提升，更能引导学生建立知识点间的联系。

• 中学历史：进行《开辟新航路》教学时，教师采用知识链接法时，会涉及"世界市场的雏形开始出现"这一问题，为什么是雏形开始出现，而不是形成？到讲述《殖民扩张与世界市场的拓展》时，会涉及"世界市场的拓展"；讲述《第一次工业革命》时，涉及"世界市场的基本形成"；讲述《第二次工业革命》时，会涉及"世界市场的进一步发展"。为什么不同阶段世界市场发展的程度是不同的，这究竟与哪些要素有关系？这一问题涉及世界市场的形成因素，对比四个事件，帮助学生及时分析这其中的内在联系，归纳核心要素，既对现有知识进行巩固，同时又对原有旧知识进行回顾，做到知识点的融会贯通。

五、倒推追溯法

倒推追溯法是指学生求得问题的正确答案之后，教师及时追本溯源，要求学生找出求得正确答案的思维过程和思维方法。教学，不要仅仅满足于学生找到正确的结论，解决教学中的一些关键性问题，有时思维过程比结论更重要。因此，在学生找到正确结论之后，教师应刨根究底问一问："你是怎么知道的？""你是怎么想出来的？"以促进学生追溯思维过程，说出思维方法。

【运用案例】

• 中学语文：进行《散步》教学时，教师提出问题："开头是否可以简化为'我们一家四口去散步呢？'为什么？"这个问题可以引导学生从题目抓住文章的主旨。"一家四口去散步"正好是全文的内容概述，但是"散步"二字正是主题的提升，所以原题会更好。

• 中学生物：高中生物实验题考查的内容之一是要学生根据实验现象或者实验数据等写出实验结论，因此在讲解这一类题目的时候，通常要引导学生思考如何得出结论。通过追问学生解题思路，暴露或呈现解题过程，对于不正确的予以指正，对于正确的予以强化。尤其要强调实验目的和实验结论的匹配、解题过程中的变量分析等问题。

• 中学历史：这种指导方法更多地应用在历史试题的讲解中，特别是材料解读的题目中，学生给出了相应的回答后，教师结合问题，逐层设问，进一步帮助学生厘清思维中的混淆之处。若能坚持这一做法，学生的思维逻辑性会得到提高，分析能力也自然不在话下。

总之，如果教师在教学的过程中能够指导学生学会学习的技能，这将对学生的终身发展起到至关重要的作用。

第七章　调控的技能

【故事情境】

我不信，邱少云会一动不动①

在执教《邱少云》一文中，教师让学生理解身受熊熊烈火煎熬的邱少云，为什么会"一动不动，没有发出一声呻吟"？针对这样一个情境，学生开始了发散性思维。

学生①：我不信，邱少云身受烈火煎熬会一动不动。

学生②：小动肯定要动的，无非是这样的小动不会影响大火的燃烧。

学生③：我想他呻吟还是会呻吟的。有一次，我的手背被开水烫伤了一块，当时这块皮就皱了起来，我用手一搓，呀，这块皮就破了，疼得我直叫。正在这时，妈妈过来了，她说："坚强些，妈妈带你去吃麦当劳。"听了妈妈的话，我就看着这块烫伤的地方，嘴里不断地念叨着："麦当劳、麦当劳、麦当劳……"这样疼的感觉真的没有了。所以我想，邱少云身受大火的燃烧时，一定也会在嘴里不断地念着："妈妈……"或者"坚持……"或者"坚强……"等。

---

① 李同胜．课堂教学技能训练教程［M］．济南：山东人民出版社，2012：181.

教师：好呀，这位同学的理解很有深度，来，我们带着这样的情感来朗读这一段。

（正当该教师为学生们的发散思维而高兴之时，一位学生站起来说。）

学生④：不对不对，当时邱少云身上挂满了炸药、手榴弹，他的身体已经开始燃烧，怎么会不爆炸呢？（一波刚落，一波又起。）

学生⑤：看来这些炸药和手榴弹是伪劣产品。

学生⑥：不可能的……

（教师还真不知道如何收场了。）

【我的思考】

结合故事情境，你认为课堂调控究竟是怎样的一种技能？它遵循哪些原则？有哪些具体的课堂调控的方法？如何在具体的学科中运用调控技能？

第一节　调控技能的概述

苏霍姆林斯基曾说过："教育的技巧并不在于能预见到课堂的所有细节，而是在于根据当时的具体情况，巧妙地在学生不知不觉中做出相应的变动。"

课堂教学是个复杂的过程，受很多因素的影响，常常会出现很多难以预料的情况，需要教师掌握一定的课堂调控技能，提高驾驭课堂的能力，才能保证课堂教学有效、有序地进行。

一、调控技能的内涵和意义

(一)调控技能的内涵

调控技能是指教师在教学过程中根据回收教学活动过程的反馈信息（如学生的学习情绪、学习态度、知识基础、学习效果等）及时调整教学方法或采取必要的补救措施，使课堂出现张弛有致、兴趣盎然的教

> 你是怎样理解调控技能的，谈谈你的看法。

学局面，使整个教学流程有序地、最佳地运行的教学行为方式，即对教学过程这一特殊系统实施控制的教学行为方式。

(二)调控的意义

1. 调动学生的积极性

诸多的研究成果表明，要使教学过程处于最佳状态，一个重要的问题是要充分给予学生表达他们的看法和想法的机会，增强学生的成就感和自信心，不断培养和发展他们对本学科的学习兴趣，唤起他们日益增强的求知欲；另一个重要的问题是任何一节课必须有适当的信息量，有活跃学生思维的教学因素，通过运用各种手段实现手脑并用、眼耳并用，同时要有适当的调控。这两个问题是课堂教学需要认真研究和实践的问题，其关键是在教师的组织与调控之下使学生最大限度地参与自主的教学活动，主动接受来自多种媒体的教学信息，通过各种感官的交替使用和思维的活跃，保持高昂的情绪和浓厚的兴趣。如果只是简单地把组织课堂管理理解为维持课堂纪律，使学生老老实实地听课，不能自主活动，其结果必然使课堂教学变成单一的教师讲述甚至是"满堂灌"，学生只能被动地接受单一形式的"灌输"，整个教学过程背离最佳状态的要求。只有深刻理解组织课堂管理的含义，才能够科学地调控教学过程，灵活地运用各种教学方法和教学手段，合理变换教学形式，使教学信息的传递多样化和多向化，使学生始终处于主动的学习状态。

2. 维持良好的课堂秩序

课堂教学过程是一个有序的过程。学生的主动参与和教学信息传递的多样化，不等于课堂教学杂乱无章，学生任意而为，甚至从事与本课无关的活动。无论课堂气氛怎样活跃，学生怎样讨论甚至争辩，都必须围绕教学目标展开，都必须有利于教学任务的顺利完成。因此，良好的课堂秩序和和谐的教学环境是课堂教学的基本保证。如前所述，维持课堂秩序绝不能只靠教师的威慑甚至惩罚，建立师生和谐的教学环境依赖于师生之间和同学之间的情感交流，而组织课堂教学可以有效地解决这些问题。通过向学生提出正当合理的要求和交代课堂常规，可以唤起学生的有意注意。通过正面提醒和巧妙利用提问、演示等技能，可以交替引起学生的有意注意和无意注意，使学生的注意力始终集中在教学主题上。通过分析原因和启发诱导，实事求是、合情合理地纠正违反课堂纪律的现象，尤其是及时肯定学生的进步和优点，鼓励学生的自信心和进取心，有利于克服学生的不良习惯。

3. 提高教学效果

课堂教学过程是一个特殊的认识过程。它要求学生在规定的时间内做好意向准备，形成良好的动机，对特定的客观事物进行充分的感知，经过科学的思维理解事物的本质联系，并将获得的知识保持在

> 你认为调控还具有哪些意义，试举例说明。

记忆之中，同时在新旧知识之间建立必要的结构联系，以供随时提取应用。在一节课当中，需要有这样一个总的过程和围绕每一个知识点展开的具体过程，也就是说从意向开始到应用结束的认知过程可能要反复多次。课堂教学过程又是教学系统的组成部分。因此，课堂教学过程是一个由各要素相互作用的具有特殊结构和基本环节的整体，是一个有序的与外界有信息交流的开放系统，是一个能够通过畅通的反馈渠道进行调控的过程。课堂教学过程所具有的特殊认知规律和系统性特点最终是通过课堂教学结构的完善与否表现出来的。例如，课堂教学中存在的上课就讲，不管学生是否有了足够的意向准备和良好的动机；没有给学生提供足够的事实材料，迫使学生在尚无充分感知和必要理解的状态下直接记忆知识；在对新知识进行感知和理解的过程中，缺少与原认知结构的联系；对教学效果的检查评价周期长，获取的反馈不够及时，难以起到调控作用等问题，无不与课堂教学结构不够完善有关。随着教育观念和教学指导思想的转变，通过合理安排教学环节，注意各环节的承转，保证学生思路通畅，加强新课的引入和课堂总结，帮助学生联系新旧知识，获取学生的反馈信息，及时调整教学活动来完善课堂教学结构，是对教师的常规要求。要使教学在这一方面达到规范化，必须依赖教师高质量地组织课堂教学来实现。

二、调控技能的原则和特点

(一)调控技能的原则

1. 实事求是原则

教师在课堂教学过程中，要根据实际情况灵活处理，坚持实事求是，不能因为教学设计中的预设而生搬硬套。课堂现实状况是教师课堂调控的依据。

2. 循序渐进原则

教师在对教学内容进行调控时，一定要循序渐进、先易后难，使学生易于理解，这样才能取得良好的效果。

3. 主体性原则

学生是学习的主体，课堂教学的对象是学生，课堂调控的主要对象也是学生。在进行课堂调控时不能因为教师的调控而喧宾夺主。教师虽然是调控者，但是调控的目的是保证学生在课堂学习中主体作用的发挥，要尊重学生，民主、平等地对待学生，平易近人，给学生一种亲近感，让学生真正感觉到自己是课堂的主人、学习的主人，教师不能因调控而成为课堂的控制者。

由于学生的课堂学习心理环境贯穿于教学的始终，自始至终对教师的教学产生着重要的影响，因此，在教学中，从开始到结束，教师都要考虑如何调控学生的心理，保证教学在学生良好的心理环境基础上进行，只有这样才能有效地提高课堂教学的效率。同时，教师的课堂调控其实是一种手段，但是，学生自主调控能力的培养则是调控的目的之一。因此，教师要充分发挥自身在调控中的主导作用，重在引导培养学生增强自主调控能力，为学生的可持续发展打下良好的基础。

4. 全面性原则

学生个体之间总是存在着学习效率高低、学习能力不均等差异，教师的调控应该面向全体学生，不能只照顾优等生而忽视后进生，要对每一名学生的发展负责。

5.科学性原则

课堂调控必须遵循科学性原则，不能为了调控而调控，而是为了更好地实现既定的课堂教学目标，为了更好地促进学生的全面发展而有意识、有计划地精心设计调控的环节，灵活地实施课堂调控。为此，在教学过程中，教师要充分考虑学生的年龄特征、学科的内容特点、学生原有的心理基础，把这三者有机地结合起来，从学生原有的心理基础出发，充分考虑学生的年龄特征以及学科内容特点，精心设计教学情境，激发学生积极的学习心理，以便更好地为学科内容的教与学服务。

6.整合化原则

调控可以是教师的调控，可以是师生互动形成的调控，也可以是学生个体的主动调控，而在这些调控过程中，教师是第一责任人，教师必须充分发挥主导作用，把各种调控的层面科学、有效地组合起来，全面整合课堂教学中的各种有利资源，最大限度地发挥有利于学生全面快速成长的各种课程资源，特别是课堂随机生成的资源，使课堂环境的调控更为实效、有效进而高效。

> 回想自己的课堂教学，举例说明哪些行为体现了上述的这些原则。

(二)调控技能的特点

1.调控目标的双重性

讲授式教学的课堂体现了一个教室、一个主题、一个目标的"三一制"特点，教师是主体，教学目标是中心，整个教学活动在教师的完全控制下，围绕着教学目标展开，学生是被动的受体。而新课程教学强调的是师生的交往、互动，不只是传统严格意义上的教师教和学生学，而在课堂教学目标方面呈现出了双重性：一是课程目标，即教学目标；二是成长性目标，即在学习过程中，发展和训练学生的语言表达能力、思维的敏捷性、发散性等。教师从传统的知识传授者转向现代的学生发展的促进者，也就是说教学过程也是学生的成长过程。虽然成长性的目标很难度量，但仍应在教师的有效调控之中。

2. 调控地位的平等性

平等是新课程的基本要求，新课程认为教师与学生都是教学过程的主体，都具有平等的人格。这种师生的平等，既体现在教学中，也体现在课堂调控中。调控的平等性要求是使教师成为课堂教学的引导者、组织者、策划者。在调控活动中，教师把学生当作朋友，与学生一起学习、对话、交流，尊重每一位学生的思想、观点和建议，并不断予以启发和指导；学生自由地提出对教学内容的想法和主张，不断地修正自己的思想、观点和建议，配合教师的管理，共同完成课堂调控的任务。

3. 调控手段的多样性

如果课堂能够呈现出开放的、和谐的、积极互动的氛围，学生才能忘我地投入课堂活动中，这样的课堂才能迸发出生命的活力。要让课堂活起来，就不能囿于教师单向的教学活动形式，需要运用不同的教学活动形式，同时，也要采取多种多样的调控手段，以支持灵活多样的教学活动的开展。

4. 调控过程的反复性

课堂调控是一个信息指令发出和执行情况反馈的过程，教师既要管理学生的课堂行为，又要根据学生的反馈来调整自身的课堂行为；学生接受教师的管理指令而进行自我行为管理，并将调整结果的信息反馈给教师，以促进教师做出自身课堂行为的调整。由于中小学生的性格活泼好动，行为具有反复性，对同一个课堂行为，很少是一次调控成功的，或者是在不同的课时中反复出现，或者是在同一课时中反复出现，特别是趋于习惯化的负性行为，如上课做小动作、讲话等。对这些反复出现的负性行为，教师要注意调控的长期性，在课堂上一旦发现学生出现违纪行为，要耐心地用自己的语言、动作等给他们以暗示，逐渐纠正学生的不良习惯。

5. 调控的及时性

调控的及时性是指教师针对学生反馈的信息做出调控的时间观念。所谓"及时"，可以是"即时"的，即迅速地做出评判、调整，以避免事过境迁，错失良机；也可以是"延时"的，即拉长反馈时间，坐等最佳时机。总之，"不失时机""恰到好处"，是"及时性"的全部内涵。

三、调控应注意的问题

(一)注意组织课堂教学的方式与时机

组织课堂教学绝非是一次性行为，围绕着不同的教学内容和不同的教学环节或步骤，教师要多次组织课堂教学。因此，在教学设计和编写教案时，应充分考虑组织教学活动的恰当方式，是正面讲述还是提问启发，是运用语言还是电教媒体，怎样将导入、提问、讲解、变化、强化、演示、板书等技能有机结合，还要充分考虑到组织课堂教学的时机，何时提出要求，何时指导、引导，何时鼓励、纠正，何时板书，何时总结等，这些方面都应该有切实的针对性，不能流于形式，甚至对各个细节都要预先考虑，防止课堂上的随心所欲。在实践中，也要根据学生的反应做变通处理。

(二)注意身教与示范

身教在组织课堂教学中起着非常重要的作用。教师通过自我形象和动作行为所发出的信息，往往比语言指令有更强的引导性。例如，在仪表方面，端庄大方的衣着对学生的情绪起着稳定的作用，浓妆艳抹则会干扰学生的注意力；在举止方面，安详稳重的姿态会使课堂气氛保持和谐，轻浮的举动会使学生失去对教师的尊重，因而造成混乱；在行为方面，规规矩矩的行动和语言自然能使学生保持良好的秩序。

示范是指教师亲身把正确的方式展示给学生，使学生在较短的时间内达到操作的规范化。在教学过程中教师要有意识地经常向学生进行示范。

(三)注意耐心说服与严格要求

中小学生正处于心理和生理发展的关键时期，各方面的心理因素都存在着不稳定性、易波动的特点。与幼儿相比，中小学生的自尊心明显增强，对客观事物的自觉性大大提高，需要经过思考以后再对外界事物做出反应。教师应该认识到中小学生在这些方面的变化，不能期望学生仅仅凭着直觉就会产生反应，所以要讲清楚道理，说明原因，给学生一个自我判断和自我选择的机会，这就需要教师要有耐心。然而，由于中小学生在心理发展方面还不成熟，而且课堂教学时间也不允许，因此，对于一些事关集体荣誉和社会公德的问题，教师要有硬性的规定。课堂教学是一种集体活动，当然也必须要有严格的统一要求，才能达到全体学生的协调一致。

(四)注意面向全体学生

组织课堂教学是以班级教学为根本前提的，是针对全体学生的。组织课堂教学的目的是优化教学过程，使全体学生都能达到教学大纲所规定的基本标准。超常生和优秀生的进一步发展应该以全部学生达到基本标准为基准。因此，教师在组织教学活动时，必须首先考虑大多数学生的实际情况，以大多数学生均能适应为前提。如果只是注意超常生和优秀生的需要，就可能使大多数学生难以适应，跟不上教师的引导，不能按照教师的要求去活动，最终丧失信心；如果过分照顾基础薄弱的学生，又可能使课堂教学的要求过于容易和烦琐，使大多数学生感到索然无味，失去学习兴趣。

面向全体学生不等于不照顾差异。为了满足超常生和优秀生的学习欲望，可以在提出要求时提出不同层次的目标，供学生自由选择将完成何种任务，也就是做到"尽力而为"，还可以对他们进行个别指导。对于基础薄弱的学生，可以有意识地多提问，多指定他们作为讨论发言人，并对他们多加指导和纠正等。

> 你认为在调控学生学习时还应注意哪些问题？

第二节　调控技能的方法与运用案例

在新课程中，教师进行课堂调控时要讲究方法和技巧。

一、课堂纪律的调控

(一)表情示意法

眼神是心灵的窗口，它可以捕捉信息和输出信号，透过眼神可以传递出内心的想法，同样地，表情也同样具有这些功效。在课堂上东张西望、心不在焉的学生，其眼神是慌张而不安的，那么当教师授课时，发现某个学生东张西望或讲话、做小动作，可用严肃的目光或者表情示意他，起到暗示和提醒的效果，使学生意识到自己已被发现没有专心听讲，还要警示学生把注意力集中到学习上来；而对知识充满渴望又心存疑惑的学生，其眼神是充满期待的，这也表明其注意力较为集中，此时教师与他们的眼神交流会起到鼓励与肯定的作用。教师要善于观察与解读学生的眼神和面部表情，并依据学生的表情来对教学效果做出初步的判断，哪些内容是学生很容易接受的，哪些是比较难的，需要对哪些学生进行特别的指点（如课堂中那些眉头紧锁的同学是重点），这些问题教师都要做到心中有数，以便对课堂进行较好的调控。

(二)走动示意法

三尺讲台并不是教师在课堂上唯一的活动空间。教师在课堂教学过程中可以有意或无意地变换位置，在学生活动时自如地融入学生之中，第一时间掌握学生的活动状况；教师在上课时注意到有学生做出低头看其他书籍或搞小动作等注意力不集中的行为，用表情示意又不起作用时，可以边讲边走到这个学生身边并突然站住，这样，学生便会发现并迅速意识到教师在提醒自己要注意听讲或积极思考问题。

(三)手动示意法

有时课堂上发现个别学生昏昏欲睡，甚至自觉不自觉地睡着了，教师可以边讲课边轻拍这个同学的肩膀或头，提示学生进行自我控制，克服困意并集中精力学习。

(四)变音示意法

众所周知，教师在课堂上的音量不易过大或过小，而以全班每个学生都能听清楚为宜。语速的快慢和音量的高低要根据实际授课的需要来决定。当发现学生走神，如向窗外看，或受到窗外声音的影响时，教师可在使用表情示意的同时放慢或加快语速，或突然停顿1～2秒，或提高音量压住室外的声音等方法，示意注意力分散的学生。

(五)提问示意法

在实际教学中，教师经常会发现这样一些现象：有的学生看样子是在听课，可实际上心思根本不在课堂上；有的学生没有听懂或者根本听不懂却装出听懂了或者听得很明白的样子；也有学生会不耐烦、急躁、心神不定；有的学生在集体回答问题或者朗读时善于蒙混过关，等等。为此，教师在讲解过程中及时提出一些简单的问题，让这些学生复述或者解答教师讲过的个别简单的内容，这样能使学生专心听讲，提高听课效率。

【运用案例】

• 中学历史：教师为了更好地调控课堂，在授课过程中，要同步观测学生的各种微表情，如果学生眼神迷离，或侧头或摇头，可能在哪一个问题上需要做深度的解释。同时，在讲课时，教师为了照顾到整体学生，需要走进学生中间，眼神尽量关注到角落的学生，并且可以随机提问，既提示学生注意力要集中，同时，也表明了对待学生一视同仁，明确不管坐在哪里，学生都是课堂的主体。

二、学生兴趣的调控

兴趣及兴致，是人们对事物喜好或关切的情绪，是人们力求认识某种事物和从事某项活动的心理倾向。它表现为人们对某件事物、某种活动的选择性态度和积极的情绪反应。兴趣以需要为基础，可以使人集中注意力，产生愉快、兴奋的心理状态。这对人的认识和活动产生积极的影响，有利于提高工作的质量和效果。作为学生，兴趣是主动学习的内在动力。教师在课堂教学过程中，根据教学内容的安排，适时地通过实物、活动、实验、故事、幽默、笑话、图片、声音、动画、视频等不断地刺激学生的视觉、听觉、触觉以达到提高兴趣的目的。特别应该注意的是，教师在提供这些直观刺激手段时，一定要引导学生分析现象与知识之间的联系，进一步提高学生对知识的兴趣与认知。

【运用案例】

• 中学英语：讲授完"虚拟语气"之后，教师给学生们播放了一首大家耳熟能详的祝福歌：I wish you a merry Christmas. I wish you a merry Christmas. I wish you a merry Christmas and a happy new year. 然后问学生：这个祝福语，为什么不直接说"I wish you have a merry Christmas"呢？我们平时给别人祝福的时候要注意什么呢？以此调控学生的学习兴趣。

• 中学化学：进行"碳酸钙"的讲解时，教师可以在正式讲授之前，让学生回想古诗《石灰吟》："千锤万凿出深山，烈火焚烧若等闲。粉身碎骨全不怕，要留清白在人间。"在引起学生学习兴趣和思考的同时，激发学生的求知欲，声情并茂的吟诗可以创设出开采石灰石的艰难情境，从每一句古诗入手挖掘其中的化学知识。描述古诗的同时引导学生进行发现和探索，并在协作中寻求结果和答案，体验成功的喜悦。

• 中学地理：进行"海洋资源的保护"教学时，"休鱼"政策的学习对初中学生来说是比较枯燥的，为了激发学生的学习兴趣，教师设计"看谁捕得多"游戏来激发学生的学习兴趣。游戏要求：全班分成四组，每组选一位代表上台；讲台上分别放四个透明的玻璃缸，每个缸内分别放入 20 粒红、黄、蓝、绿四色的塑料圈；四色的塑料圈分别代表海洋中的鱼，从缸内取出各自的塑料圈则代表捕鱼；每个玻璃缸允许进行 10 次捕鱼活动，每次捕鱼结束，剩下的鱼就会繁殖出等量的鱼(由教师放入等量的塑料圈)，但缸内的鱼最多不超过 20 条。游戏结束，学生在点算各自缸内所剩的鱼时，发现海洋中出现过度捕捞的问题。通过游戏，创设真实的问题情境，丰富了学生的感性认识，再引导学生经过思维的深加工，提出解决的方法，培养学生人地协调的可持续发展的意识。

三、课堂氛围的调控

不同的课堂氛围，学生学习的表现往往不同：在轻松愉悦的课堂氛围中，学生学习积极主动、思维活跃；而在沉闷的课堂氛围中，学生学习烦闷枯燥、思维滞缓；在紧凑的课堂氛围中，学生学习井然有序、有条不紊；而在散乱的课堂氛围中，学生学习自由散漫、懒散拖沓。因此，在教学中，教师应该试着保持良好的课堂氛围，使学生身心放松，愉快地进行学习。这就要求教师根据课堂教学实际，及时变换课堂氛围，进而实现师生教学的最佳状态。

【运用案例】

• 小学语文：在一堂公开课上，教师请学生用"尾巴"一词口头造句。一名学生站起来贸然说道："人是有尾巴的。"话音刚落，全班哄然大笑。不料，这位教师亲切地说："你能积极发言，很好。你造的句子从语法上讲没问题，然而，从科学上讲，笼统地说人是有尾巴的，不够妥当，因为，现代人没有尾巴。如果改成'人类最早的祖先是有尾巴的'就好了。"讲到这里，学生和听课的教师顿时活跃起来。这位教师似乎意犹未尽，继续发挥道："不过，说'人是有尾巴的'，也不能完全算错，我们平时不是讲'有了点成绩就翘尾巴了'这样的话吗？大家可以想想这里的'尾巴'和我们所说的'人类最早的祖先是有尾巴的'中的'尾巴'是不是一个意思？"说到这里，课堂气氛更加活跃。学生的一个失误，引起这位教师如此精彩的即兴发挥，将课堂气氛一步步推向高潮。教师是教学活动的组织者、促进者和引导者，而不只是知识的传授者与灌输者。教师通过平等对话，调动了学生学习的积极性，激发了学生的学习热情，自然而然就会取得很好的学习效果。

• 中学英语：学生在上语法课感到比较枯燥的时候，教师适时地讲述一些英语笑话来调节气氛。例如，A：I'm sorry. B：I'm sorry, too. A：I'm sorry three. B：What are you sorry for? A：I'm sorry five. 通过轻松的笑话，调动了课堂氛围，将枯燥的语法学习在轻松的氛围中完成。

• 中学化学：课堂演示实验失败或出现异常，学生突然问超出所学范畴的问题或出现其他令教师尴尬的事情等，这些偶然性事情的发生使教师难以按教案设计的步骤进行教学。在这种情况下，必须要求教师在具备其他各种能力和技能的同时，还必须具有较好的教学机智，也就是教师在教学过程中适应现代教学的需要，灵活自如地驾驭课堂教学进程的能力。例如，在做"过氧化氢溶液的溶质质量分数对反应速率有没有影响的探究实验"时，出现了带火星木条伸入试管口处，但木条没有复燃的异常情况，学生议论纷纷，这时教师可马上话锋一转，叫学生回答实验为什么不成功，这样可引导学生从反应的原理、实验装置设计、试剂的选择以及条件的控制等方面进行思考和分析，通过以上情况的深入分析，学生的实验探究就不是停留在表面的数据上了，同样可达到预期的教学效果。另外，在面对课堂教学中出现的偶发事件时，教师要采取以下方式进行调控：面对学生的突发提问时，及时调节原来设计的问题的难度，快速调整教学方案，采取新的措施，圆满完成教学任务，达到预期的教学目的。当突发事件的发生使课堂陷入被动时，可想办法转移学生的注意力，因势利导，把出现的事件与教学联系起来，扭转被动局面。当过于喧哗的课堂难以使学生冷静思考时，要及时把握教学中学生的情绪。

四、课堂反馈信息的调控

从教师教学的角度来讲，一堂课有激发兴趣、引入新课、主题探究、强化巩固、总结拓展等环节。从学生学习的角度来讲，有答疑、阅读、活动、练习等环节。每一个环节的目标完成情况如何，教师需要根据学生反馈的信息做出判断。教师必须根据这些信息，调整教学的节奏和强度，根据学生行为的变化情况，及时捕捉负性行为的意图，尽快予以消除；应对课堂突发事件快速反应，迅速采取措施，把损失降到最小，保证课堂教学的优质高效。常用的方法有以下三种。

(一)巧给台阶法

课堂上，对于那些好出风头或者爱做恶作剧的学生，进行批评教育时要注意给他们台阶下，千万不能闹对立，避免把矛盾扩大；对偶尔犯错误的学生更应该如此。

(二)暂时搁置法

对在教室中发生的偶发事件，采取淡化的方法，暂时"搁置"起来，或是稍做处理，留待以后再从容处理。

(三)因势利导法

因势利导法是教师在课堂教学中，顺着课堂教学中教学事件发生的趋势，引导学生的学习活动向有利于课堂教学目标实现的方向发展的一种教学方法。运用因势利导法时，教师首先要了解课堂教学中出现的某种教学事件发展与预设的目标方向不相符合的势态，分析常规的某种教学事件解决的方法及其对学生学习造成的影响，然后顺着某种教学事件发展的趋势和学生的知识、能力与经验背景，思考有没有相似的解决方法。课堂上，可能会突发一些事件或者学生的思维会出现偏差，使课堂陷入被动。教师对于事件的发生要和教学联系起来，对学生的偏差不能简单地否定，要搞清楚学生的思路在哪个地方出了问题，然后加以引导，使学生在不知不觉中修正自己的偏差，这就是因势利导的艺术。因势利导的方法是多种多样的，关键是要善于凭借学生的"势"。"利导"则是朝着有利于教学目标的方向引导。学生的"势"往往是原始理解，是教师教学的起点，没有这个"势"，教师的教学就失去了凭借，就无法对症下药。学生正确的理解就可以作为教师向纵深开拓的"势"；学生的错误理解可以作为教师向正确方向引导的"势"。一般情况下，学生的"势"会自然出现。有时候学生的"势"不容易表现出来，教师无"势"可借。此时，教师就需要及时反思：自己的教学设计是否符合学生的实际？是否从学生出发？只要真正从学生出发，为学生服务，巧妙地进行激励、点拨，学生的"势"就会表现出来，教师就能够因势而利导之。

【运用案例】

· 中学化学：在进行高中化学"钠的化学性质"教学时，一位教师采用边讲边实验的模式，通过演示实验给学生感性认识，并通过对实验的观察和分析，最后得出有关钠的化学性质的知识。但在做钠与氯气的演示实验时，本来应该看到大量的白烟，结果却出现了大量的黑烟，学生顿时表现出惊奇不解。这位教师马上意识到这次演示实验失败了。由于这种突发教学事件，课堂陷入了被动，学生议论纷纷。这时候这位教师话锋一转，叫学生一起讨论分析实验为什么失败。他问学生："黑烟的产生似乎是不正确的。我们来推断钠与氯气的产物应当是什么？"学生纷纷回答应当是氯化钠。教师又问："这个反应应当产生什么现象？"学生回答说："金属钠燃烧产生白烟，但是黑烟又是从哪儿来的呢？"教师提示："分析得有道理，问题值得思考。大家想一想，金属钠是如何保存的？"学生："金属钠保存在煤油中，噢，找到原因了！一定是煤油没有擦干净，是煤油燃烧发出了黑烟。"于是教师带着学生重新进行实验，并取得了成功，验证了学生的假设，激起了学生的学习热情，学生在整堂课中都很专注、积极。教师这样巧妙地处理教学突发事件，使学生不仅深刻了解了反应本质，而且还受到科学态度的教育，对教师的坦诚也感到钦佩。

　　•中学地理：进行"农业区位因素"教学时，教师给出了"阳春市岗美镇人民在缓坡上修筑了梯田，发展种植业"和"江西省泰和县的千烟洲立体农业模型图"等材料，要求学生分组讨论以下问题：千烟洲的立体农业布局模式反映了什么因素对农业区位的影响？从岗美的梯田可以看出，影响农业区位的因素是否可以改造？能否举例说明（特别是我们阳春的例子）？学生结合课文认真分析材料，教师巡视并辅导。约 5 分钟后进入讨论与对话阶段。

　　第 1 组学生代表 A：从材料 1 看出，阳春和烟台、莱阳分别是亚热带气候和温带气候，所以种植的水果不同。3 地不同的气候条件和特殊的土壤条件，也使 3 地的马水橘、苹果和梨质地优良。

　　第 1 组学生代表 B：我国南北纬度跨度大，光热和水分条件不同。由于热量的差异，东北地区主要是一年一熟，而海南岛可以一年三熟。因为水分条件不同，南方湿润多雨，主要种植水稻；而北方降水相对少，主要种植小麦。

　　教师：第 2 组同学能否举一些我们家乡的例子来说明呢？

　　第 2 组学生代表：阳春的特产——春砂仁，质量最好的是蟠龙金花坑，因为当地的土质最适合砂仁生长。我市八甲镇河溪沿岸有大片湿润的土地，多为冲积沙质土，含有大量的有机养分，只需适量施土杂肥，即可种植品质优良的英菜——八甲英菜。

　　教师归纳：同学们分析得非常好，气候中的热量和水分是农业区位最重要的自然因素。不同植物的生长发育要求不同的气候条件和不同的土壤种类，而气候条件和土壤的分布又有明显的地域差异，因此，进行农业区位选择，应因地制宜。下面，我们再来了解第 3 组和第 4 组分析的结果……

　　教师通过对讨论信息的反馈调控，让学生及时地了解了自己在学习过程中的优势与不足，便于学生及时反思与调控自己对知识与能力掌握的程度，为学生知识的掌握和思维的培养奠定了扎实的基础。

(四)"借机导航"法

借机导航法是课堂教学中，教师趁着不良教学事件的发展态势，引导学生的学习活动从不良教学事件转到课堂教学预设方向上的一种方法。运用借机导航法时，教师首先要对突发性的教学事件用平和与积极的心态对待，敏锐地观察学生的言行和态度，分析事件产生的可能原因与后果；然后用艺术的方法对事件进行淡化与疏导，引导学生的学习行为与活动向课堂教学预设的方向发展。某中学教师在讲授《口技》时，因课文情节描绘所引，竟有一男生忘乎所以地学狗叫，顿时全班哄堂大笑。但这位教师非但没有指责这位学生，反而大度地笑笑说："这位同学情不自禁地模拟了狗的叫声，这是为文中口技高超的技艺所感染啊。下面我们还是继续来欣赏文中高超的口技表演吧。"这位教师表现出宽容大度的胸怀和良好的职业素养，微笑之余，不忘"借机导航"，仅仅两句话，就转变了课堂气氛，很快地将学生的注意力转移到课堂上来，保证了教学的正常进行，同时，对该学生起到了委婉含蓄的批评效果，真可谓一石数鸟，不能不令人折服。

五、学生参与的调控

课堂上，教师要为学生提供参与的机会，提供多样的参与形式，如个人自学、集体讨论、小组交流、动手操作等，让学生多读、多说、多写、多听、多想，促使他们的眼、耳、口、手、脑多种感官都来参与学习，只有这样，学生的课堂学习才能在有限的时间内获得充分的发展。

除了给学生创造参与的机会，教师还要通过话语定向来调控。课堂上，有的学生频繁举手发言，有的学生从不举手发言，一节课下来，发言的总是那几个学生。这样的课堂会失去多数学生的参与，久而久之，课堂就变成了少数学生的天下。教师要善于调动每一位学生的积极性，指定那些不举手的学生发言。教师还可以把举手发言变成小组讨论，然后选代表汇报讨论结果，代表要经常换，不能固定。有的学生的发言占用时间过长，影响其他学生的发言。对此，要有时间上的规定，表达要简洁明了。如果有的学生说得时间过久，教师就要提醒，甚至请其暂时停止发言。

【运用案例】

· 小学英语：在教"Colours"这一课时，教师曾引导学生们以小组合作形式设计"My Warm House"。有别于平常的设计，这一次是利用电脑完成的，而且设计的前提必须用英语来交谈。当教师一说开始，小组成员们就已七嘴八舌地开始讨论了："The sofa is light green.""The lamp is pink.""There is a dog in the living room."他们都想让自己的小组设计出最棒、最温暖的家。小组设计完成后，教师把所有的 warm houses 贴在了黑板上，引导学生用已学的英语知识一一描述这些设计，最后全班共同评出最温暖的家。活动中，每位学生都积极参与，充分发挥各自的想象力和创造力，创造出独一无二的作品。

六、课堂评价的调控

正确及时的评价对学生具有明显的激励作用。在学生参与学习的过程中，巧妙地运用评价进行调控，将产生意想不到的效果。课堂教学中，教师必须善于运用语言、体态、暗示、情感等各种激励措施，对学生的学习、问答、展示做出敏锐的判断。教师要认真地倾听学生，对他们的每一点成功予以充分的肯定和表扬，调动学生参与的积极性和主动性。特别是对于成绩较差或表现不好的学生，要给他们创造表现自己的机会，及时肯定他们一点一滴的进步。同时，对学生的错误进行纠正和引导，但态度要温和，语言表达要委婉，不能批评指责，多给予学生鼓励和期待。此外，当教师对学生的答题或学习态度做评价时，被评价人或者班上其他学生会因误解而产生不满或对立情绪，甚至起哄，这时教师不应当意气用事，回以尖酸刻薄的讽刺言辞，而应以商讨、切磋的口吻，实事求是的态度，向学生分析清楚道理，从而引起他们理智上的共鸣，在认识上与教师取得一致，在融洽的气氛中将矛盾予以解决。

【运用案例】

· 中学物理：高中的物理教学中，物理概念抽象，物理规律艰涩难懂，学生容易混淆概念，因此在提问过程中，学生的回答经常只能答对一部分，可能只答对原因或者只答对判断依据。这个时候，如果可以根据学生的回答分成两部分的评价，肯定学生答对的部分，让其他学生指出错误的部分，这样一方面保护学生的求知欲，另一方面也调动了全班学生的学习积极性。

• 中学化学：进入实验室进行分组实验时，经常有学生会私自混用药品进行实验或者取用药品过多，怎样做到既维持课堂教学秩序又保护学生的兴趣呢？教师应及时地调控。比如，先让大家停止实验，教师在全班演示实验的正确操作和药品取用的正确用量，而不宜单独的、当面批评那些犯错的学生。又如，在课堂演示实验，难免会出现实验失败的情况，此时，教师可以诚恳地对学生说："很遗憾，这个实验老师没能做好，对不起，让同学们失望了。不过，这个实验的成功率较低，你能用你的智慧改进实验，让大家来共享你的创造成果吗？"这样，可以保护学生对知识追求的热情。如果有学生真的感兴趣，还可以因势利导，组织课外活动小组，对这个失败的实验进行探究和改进，说不定能取得更大的成功。

综上所述，课堂调控的艺术追求是永无止境的，而丰富的课堂教学实践是凝练课堂调控艺术的不竭源泉。教师作为课堂教学的重要角色，要善于观察课堂进行过程中发生的细微变化，及时准确地采取相应的调控行为加以处理。正如著名教育家马卡连柯所言："教育的技巧在于随机应变。"教师灵活地运用教学机智随时调控教学，使之适合学生的需要，符合课堂教学目标的要求，正是教学艺术的魅力所在。

第八章　板书的技能

【故事情境】①

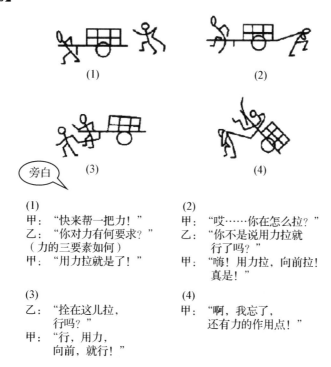

图 8-1　力的三要素简笔画

---

① 卫建国，张海珠．教学技能导论[M].北京：北京师范大学出版社，2012：23.

上图是一位教师在课堂上的板书设计。该板书属于板画式板书，是运用一些较为形象的图画(简笔画)来表达教学内容的板书。教师运用这种形象直观的简笔画的方式并配以相应的旁白，生动、形象、直观地将"力的三要素——大小、方向和作用点"这一教学内容表达了出来。

【我的思考】

结合故事情境，你认为板书在教学过程中发挥着什么作用？怎样的板书才算得上是好板书？如果你是这位教师，你会设计出什么样的板书，运用哪些技能与方法呢？

第一节　板书技能的概述

我国当代著名语文教育家朱绍禹先生指出："板书能点睛指要，给人以联想；形式多样，给人以丰富感；结构新颖，给人以美的享受。"板书技能是教师必须掌握的一项基本教学技能和教学基本功。它既是一种教学手段，也是一门教学艺术。它就像一面反映教学内容的镜子，一个展示作品场面的屏幕，在教学中发挥着重要的作用。

一、板书技能的内涵和意义

(一)板书技能的内涵

板书技能可以从两个维度上进行理解：一是从动态的角度，板书技能是指教师在教学过程中，根据教学的需要，运用一系列的符号(如文字、字母、线条、图表、图画等)，借助一定的介质(如黑板、投影等)将教学信息传递给学生，以帮助他们记忆、

> 你是怎样理解板书技能的，板书技能对教师本身而言又有哪些意义呢？

理解、强化知识并促进知识迁移，从而提高教学效果的过程和教学行为方式；二是从静态的角度，板书技能是指教师在教学过程中为帮助学生理解和掌握教学内容而以凝练的符号等形式呈现出主要的教学信息的总和，是

一种教学结果。①

(二)板书的意义

板书作为一种有效的教学手段，对于增强教学效果、提高课堂教学质量都起着重要的作用。好的板书应该是"精""新""活""美"的和谐统一。精心设计的板书既能够传授知识，又能够锻炼学生的智力和思维能力；既能够陶冶情操，又能够使得学生养成良好的学习习惯；既能够激发学生的学习兴趣，又能够提升审美和创造思维能力。具体来说，板书的重要意义体现在以下三个方面。

1. 提炼教学内容，建构知识体系

板书是教师对一节课的教学内容的高度浓缩和提炼，将最精华的知识呈现在学生面前，更好地强调突出教学的重点、难点，从一定的高度把握教学内容的整体框架和体系，再现事物的本质特征，以一种更为简洁明了、形象直观的方式揭示所教授的知识的内在逻辑和规律，有助于学生建构起有效的知识体系。此外，教师可以将板书的方法教给学生，让学生自己学会如何抓住一堂课的重难点，如何进行总结概括的学习技巧，让他们创建起自己独特的知识体系。

2. 强化记忆、理解，促进知识迁移

教师在教学过程中使用板书，通过文字、符号、语言刺激等将抽象的知识具体化、形象化，增强教学内容的直观性，可以充分调动学生的眼、耳、手、脑、口等器官，综合运用这些机制对教师所传递的信息进行加工、处理，可以帮助学生更好地理解所学内容，强化记忆并促进知识的迁移运用。

3. 激发学生的学习兴趣，启发学生思维

板书作为一种教学辅助手段，具有激发学生学习兴趣，启发学生创造性思维的独特作用。板书是反映知识结构的提纲，其中一些符号和不同的

---

① 卫建国，张海珠. 课堂教学技能理论与实践[M]. 北京：北京师范大学出版社，2008：99.

颜色等，不仅能够激发学生的想象和联想，还可以激发学生的学习兴趣和探索欲望，启发他们积极而有效的思考。

二、板书技能的原则和特点

(一)板书技能的原则

1. 目的性原则

板书是为一定的教学目标服务的，教学目的规定着板书的主题和结构，甚至影响着板书的语言。板书要根据教学内容对其进行高度概括和浓缩，明确体现教学目标，突出教学内容的重点和难点，体现教师的教学意图。

2. 计划性原则

板书是一堂课的重要内容，课前教师要在吃透教材的基础上，对板书进行周密的计划和精心的设计。确定好板书的内容，规范好格式，预设好板书的布局，安排好板书呈现的时机，并写好板书预案。对内容出现的先后顺序、位置安排、文字大小、颜色标记、虚实结合等，以及板书与其他教学活动的配合，教师都要熟记于心，做到顺理成章、有条不紊。

3. 简洁性原则

板书是对教学内容的高度提炼，体现教学内容的结构或思路，应力求内容简洁、条理清晰、层次鲜明，起到画龙点睛、以少胜多的效果，切不可繁多杂乱、面面俱到，要让学生透过简洁的板书抓住教学内容的核心。

4. 科学性原则

板书与口语不同，它是在黑板或屏幕上呈现出来的。学生会通过视觉接受板书所传递的信息，而且通常会被学生作为复习的资料，学生对其信任度较高，很少会质疑教师的错误，因此对它的科学性就有更高的要求。首先，板书的内容要科学，出现在板书上的词语、图表、公式等相关信息必须准确、规范、科学；其次，书写要科学无误，写标准的简化字，不随意使用繁体字和不规范的简化字，不出现错字、别字和漏字的现象，字体大小要适中，行距要恰当；最后，对图示、表格、图表等的运用要科学，格式要规范，要注意色彩的运用和不同色彩的代表意义等。

5. 启发性原则

启发式教学应贯穿于课堂教学的各个方面，在板书中也不例外。例如，板书中精炼的内容提示、一个问号、一个括号等会给学生留有思考和想象的空间，可以激发学生对知识的追求和探索的兴趣，激起他们的求知欲。

6. 灵活性和多样性原则

板书没有固定的模式，就板书的类型而言，有各种各样的形式，如提纲式、词语式、表格式、表解式、线索式、关系图式、图文式、过程式、对称式、留白式、情节式、结构关系式、综合式等，教师可根据教学内容选择适当的形式而不必局限于一种形式，要灵活多样，不断有新的变化，既整齐规范，又有新意奇特之处，使学生感到生动、活泼、趣味横生。此外，在课堂实际教学中，常常会出现事先设计好的板书难以自然形成"水到渠成"的现象，教师在设计板书时要适当留有余地，主动给学生留有"填补空白"的思维机会，而且要能够根据课堂的变化灵活地应对，对板书进行相应地调整。

7. 艺术性原则

爱美是人的天性。高尔基说："人都是艺术家。他无论在什么地方，总是希望把美带到他的生活中去。"一幅新颖别致、富有美感的板书往往可以给学生留下难以磨灭的印象。因此，板书除了具有传递教学信息的作用外，还应起到吸引学生的注意力，激发学生学习的兴趣，给学生以美的陶冶的作用，即内容的完善美、语言的精练美、构图的造型美、字体的俊秀美。

(二)板书的特点

1. 直观形象性

课堂板书通过文字、符号、图表等象征性手段将教学内容转化为视觉符号写到黑板上，把抽象的、复杂的内容直观具体化，丰富了学生的感知表象，弥补了语言表达的不足和容易引起歧义的缺陷。教师在课堂教学中一边讲解一边把重点内容用各种形式板书出来，这样就使得学生从单一的言语听觉刺激转向视听刺激的结合，使教学内容更直观，更生动，有助于学生吸收和掌握知识信息。

2. 高度概括性

由于课堂教学板书受到黑板面积和书写速度的限制，只能把主要内容或重要内容表达出来。因此，课堂板书内容都是教师在确保教学内容准确、科学的基础上对讲授内容通过高度概括浓缩、精心提炼和认真筛选出来的内容，能够深刻地反映出教学内容的本质。这样就能够在学生的头脑中留下清晰的印象而不是模糊的一片。

3. 实用性

教学板书是为课堂教学服务的，其作用在于帮助教师阐释和传递教学内容，帮助学生理解和掌握所学的内容，并可以作为一个有效的学习工具。板书因为其条理清晰、层次分明，总结概括了所要学习的内容的精华，学生可以按照其提供的内在逻辑对知识进行有效的梳理、回顾复习以及归纳总结，从而系统地掌握知识，因此，板书对于学生来说是很实用的工具。

4. 示范性

教学板书具有很强的示范性，好的板书会对学生产生潜移默化的影响。教师在板书时的字形字迹、解题方法、思路、习惯动作和语言等都会成为学生模仿的对象，教师对板书的态度、对板书的认知等隐性的东西也会影响着学生，因此，教师在进行板书时要做好榜样模范作用，帮助学生养成良好的学习习惯和态度。

5. 审美性

教学板书是建构在视觉心理基础之上的，在某种意义上它又是一件完整的艺术品，应该追求内容与形式的完美统一，既要符合规范、科学的时效性，又要追求美的视觉和美的感受。板书的美应该体现在以下几个方面：内容的完善美、语言的精练美、构图的造型美、字体的俊秀美。而构图的造型美又表现为整齐美、对称美、立体美、照应美、回环美。此外，还有层次美、参差美、线条美、色彩美，等等。只有既科学又充满艺术性的板书才能紧紧抓住学生的注意力，给他们带来知识教育的同时带来审美情趣，陶冶他们的情操，起到激情引趣、益智积能的作用。

三、板书设计要注意的问题

良好的板书非一日之功，需要教师长期的训练与积累。掌握良好的板书技能，教师需要注意以下四点。

第一，板书要与讲解的语言、神态、动作有机结合起来，做到边讲边写。板书训练中一定要处理好讲与写的关系，如果讲写脱节，无论板书本身设计得有多好，都难免产生讲解与板书格格不入、"两张皮"的感觉。板书既不能只讲不写，或只写课题而教学内容全由口授，也不能只写不讲，这样学生根本无法了解所要学习的内容。教师在板书的过程中同时要注意讲解的神态、手势，甚至书写的笔画顺序。不要一味地板书而不回头与学生进行有效的交流。

第二，合理布局，突出重点。板书要以简洁明快为美，切忌烦琐冗长。有些教师误以为板书越多越详细为好，恨不得将要讲的内容全部呈现在黑板上，却不善于用简单明了的语言和形式各异的图示概括复杂的内容，合理布局，突出重点，这样的做法一是占用了太多的课堂时间，二是让学生感觉乏味或一味地抄板书而不听讲，取得事倍功半的效果。这就要求教师在备课时应规划好板书哪些内容，哪些是重点、难点和关键点，哪些是非重点、易懂点，这些都应充分考虑到版面的设计和使用中。

第三，书写应规范，字迹要工整，字体大小要合宜。教师的书写态度会潜移默化地影响学生。在选择字体时应考虑学生的年龄阶段和知识基础等。字体大小以后排学生能够看清为宜，避免字迹潦草、模糊不清，以整齐美观为好，切忌乱写乱画。教师的书写不能前紧后松，刚开始的时候写得很清晰工整，中间逐渐潦草，到最后就已经模糊一片，无法辨识了。这无疑会给学生的辨识带来困难，引发交头接耳、互相询问，导致影响听课的效果。这不仅会给学生留下不好的印象，也不利于养成严谨认真的学习风气。

第四，板书切忌随写随擦。有些教师板书很多，或者就算内容不多但是总是喜欢在同一个位置写，于是只好写了擦，擦了再写，这样会造成很不好的影

> 你认为教师在进行板书时还应注意哪些问题？

响，从某种意义上说这也是教师教学缺乏整体性与计划性的表现。课堂板书应该有所规划，哪些保留，保留多久，哪些可以擦，什么时间擦，都要做到心中有数。此外教师可以合理地运用主板书与副板书。在副板书部分呈现在教学过程中作为对主板书的补充而随讲、随写、随擦的文字或符号。

第二节　板书技能的方法与运用案例

了解板书的概念和特点，可以让我们对板书有一个更深层次的认知；明确板书设计的基本原则与注意事项，为我们指明了正确的方向，避免劳而无功；而熟知板书的类型，可以帮助我们建立一个庞大的板书选择体系，从而在板书设计中能够做到信手拈来，灵活创新；所有的这一切都是为了教师能够熟练地掌握板书的设计方法而做准备。只有熟练地掌握了板书的设计方法，才能够真正地落实到实处。在学习板书设计的方法之前，我们先来系统地回顾一下板书都有哪些不同的类型。

一、板书的分类

了解板书的分类，有利于教师更加科学有效地设计与运用板书。从不同的角度看，板书可以有不同的分类。

(一)从板书的地位看

从板书的地位看，板书可分为主板书和副板书两类。主板书也叫基本板书，是教师在备课过程中精心设计的，揭示了教学内容的本质，体现了教学内容的重点、难点和关键点以及内在逻辑，能够代表教学内容的基本事实，是整个课堂板书的核心。一般说来，主板书在教学过程中是要完整保留、美观书写的板书。副板书也叫辅助板书，是教师在教学过程中为了让学生更好地理解教学内容，或者是对主板书的补充注解和辅助性说明，而在黑板一侧随机写下的板书。一般而言，副板书没有保留的必要，可以随写随擦。

(二)从板书的格式看

从板书的格式看，板书可分为提纲式、表格式、结构式、词语式、图示式、板画式、综合式、演算式和方程式、关系图式、过程式、重点式、示意式、象征式、情节式、留白式、对比式、连线式等。

下面选取最常见的几种进行介绍。

1. 提纲式板书

提纲式板书是板书中最为常见的形式，适用范围最为广泛，几乎适用于所有的学科。它是以教学内容的内在逻辑联系为主线，经过教师的综合分析与加工、提炼，用精练的语言准确地概括出教学内容各部分、各层次的要点，按照教学思路以及学生的认知规律，通过一定的层次和顺序将其要点呈现出来，从而从整体上把握内容的体系框架。这种板书的特点是层次清晰、简明扼要、逻辑性强，便于学生提纲挈领地系统掌握所学知识。

2. 表格式板书

表格式板书是将教学内容进行分类整理及梳理，提炼出相应条目并对其进行重新编码，将教学内容呈现在表格中表现出来。其特点是简洁明了、一目了然，便于学生从中发现事物的本质，深刻地领会教学内容。

3. 结构式板书

结构式板书的整体布局由词语、短句和一些连接符号相互联结构成的。这些词语与短句是对教学内容的高度概括与提炼，是通过对各部分内容要素的精华提取与锤炼而来的。将这些看似分散的词语或短句通过一些直线或者曲线以及箭头构成的连接符号，按照各部分之间的内在逻辑关系联结起来，构成整体教学内容的框架，它在呈现教学内容的逻辑关系上具有自己的独特优势，可以把教学内容的结构、脉络清晰地展示出来，化难为易，化复杂为简单，因而在各学科教学中均可以使用。根据结构式板书的形式，它又可分为放射式板书、辐合式板书、对称式板书和回环式板书四种比较常见的形式。

放射式板书是指板书从一点开始，围绕主题按照一定的从属关系，各层次从总到分，层层展开，形成放射状，因而称作放射式板书。

辐合式板书是指从教学内容的各个部分入手，对各部分内容进行相对独立的教学与分析，然后再依据各部分内容之间的内在逻辑进行层层归纳、联结，最后得出全部教学内容的整体框架的一种板书形式。

对称式板书，顾名思义，该板书的主要特点是结构上的对称性。该类型的板书常用来做对比，对相异或相似的两个或多个事物、人物、现象等进行异同点的对比，以帮助学生更简单直观地理解、记忆它们的性质、特点和意义，对它们有更深刻的认识。

回环式板书是根据教学内容自身的内在逻辑将板书设计为一个封闭的回环系统的板书形式。该板书所呈现的内容在一定的逻辑起点下可以无限回复发展下去，有利于将抽象复杂的内容直观形象地体现出来。

4. 词语式板书

词语式板书是教师从教学内容中找出或者自己归纳总结提取出若干关键性的词语，这些词语能够深层次地体现主要的教学内容。教师在教授时要注意将这些词语按照一定的顺序与逻辑，依次呈现在黑板上。词语式板书常用于语文教学上，它能够激发学生的思考与联想。

5. 图示式板书

图示式板书用文字、数字、线条和关系框图等图形或者符号来表达教学的主要内容。这种板书以形象直观的图画代替抽象的文字等内容，表达事物的发展过程或者事物之间的动态联系。图示式板书形式新颖、一目了然、趣味性强，易于学生对教学内容的理解，也较能够激发学生的学习兴趣。

6. 板画式板书

如本章在"故事情境"部分呈现的板书，板画式板书是教师通过绘制一些简笔画，如各种地图、形象化、示意图等将抽象的学习内容具体化、形象化，利于学生进行感知学习。板画式板书对教师来说难度较大，要求其掌握基本的简笔画技巧，否则会费时费力却得不到想要的效果。但正因为如此，才会激发起学生对教师的敬佩之情，唤起他们的学习热情和探索问题的学习欲望。

7. 综合式板书

综合式板书有两层含义：一是指教学内容知识的综合反映，即将教学中所涉及的多方面的知识综合地反映在板书里，将散乱的知识系统化、简约化，形成知识网络；二是指多种板书形式的综合使用，即在板书中综合运用多种呈现方式。这种板书设计不仅便于学生理解和记忆，而且也便于知识迁移，以培养学生综合运用知识的能力，同时，这种板书生动形象，具有视觉冲击力。事实上，单一呈现方式的板书是很少的，一般采用两种或两种以上的呈现方式。

上述的这些板书形式只是日常教学过程中最常用到的一些类型。但是究其根源来说，板书的形式是灵活多变、不拘一格的。教师要根据教学内容的性质和特点，根据自己的教学目标以及学生的基本情况，选择最合适的板书类型，为自己的教学服务。因为从根本上说来，板书只是教学的辅助工具，是一种手段，是基于教师对教学内容把握的基础之上的，倘若教师不能准确把握教学内容，那么板书的形式再新颖独特也不会发挥出其应有的作用；但是作为一名优秀的教师，也不能忽视板书对教学的重要作用，内容很重要，形式也同样重要，好的板书可以帮助学生对教学内容的理解，可以激发学生的学习兴趣，可以给学生带来美的享受。因此，一个重要的问题产生了：教师怎样才能设计出一个"完美"的板书呢？板书的方法都有哪些呢？下面对八种板书方法的介绍希望可以解决一些疑惑。

二、板书的方法

基丁以上的板书类型，常见的板书的方法有以下八种。

（一）摘录提纲法

教学板书所反映的教材大多有鲜明的中心句、段中主句或关键词句，因此可以采用"语句摘录"的方法设计板书。所谓"摘录提纲法"，就是摘录教材中富有标志性的中心句、段中主句或关键词句而形成"提纲式板书"的方法。这种方法简便易行，初学者可以很好地把握，但要基于教材自身内容的明确性和结构的条理性。

【运用案例】

• 中学数学：高中数学是一张很复杂的知识网。摘录提纲法可以帮助学生梳理各部分知识的关系，在高中数学的复习课中常常使用（如图 8-2 所示）。

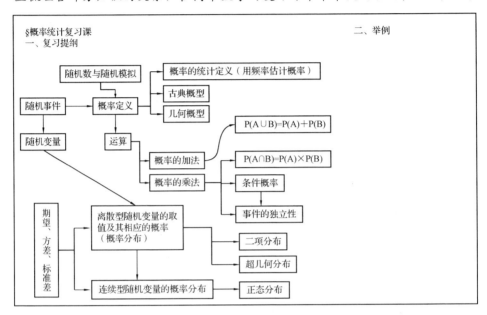

图 8-2 概率统计复习课的板书

• 中学英语：在讲授正反对比类的议论文的结构时，教师把表示结构的标志性句子板书于黑板上，让学生一目了然地理解这类文章的基本脉络。板书如下：

Nowadays，an increasing number of people…（现象）；

Some are in favor of…for the reason that…In addition…Besides…（正方观点）；

However/On the other hand，other people are against this view.（过渡句）They hold the opinion that…and…（反方观点）；

As far as I am concerned…（自己的观点）。

• 中学化学：在"金刚石、石墨、C_{60}"的教学中，提纲式板书如图 8-3 所示。由于提纲式板书不是不分巨细地简单重复讲解词句和内容，而是应该"画龙点睛"，突出所讲内容的中心、关键或者学生不易理解的地方。我们应事先精心设计板书内容的提纲。注重提纲挈领，不仅体现了教学流程，也反映了化学的简约美，有助于学生理解定律内涵，明晰定律的外延。

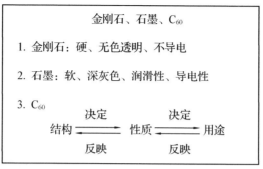

图 8-3　金刚石、石墨、C$_{60}$ 的板书

(二)概括归纳法

教科书的内容大多较为复杂，但是板书却要简洁精炼。因此，我们常常使用"概括归纳法"设计板书。所谓"概括归纳法"，就是用简洁的语言将教材内容抽象化来归纳教材知识的方法。"概括归纳法"类似学术论文前的"摘要"写法，在归纳教材内容、知识的基础上，要进行抽象、升华、深化，这样板书才有深度。这种板书设计方法基于教师对教材的研究、分析及自身的概括能力。高度的概括能力是抽象思维的良好品质，这种方法对培养学生的抽象思维能力也有较好的作用。

【运用案例】

• 中学数学：高中数学的很多方法可以通过教师高度概括来形成步骤，这不仅可以帮助学生掌握解决问题的方法，而且能使学生在短时间内形成深刻的记忆。图 8-4 可以概括归纳函数单调性的知识。

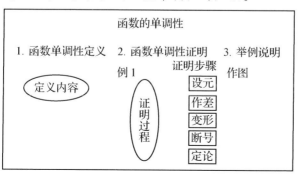

图 8-4　函数单调性的板书

• 中学化学：进行"'物质的分类'复习课"教学时，师生共同完成了如图 8-5 所示的概括归纳式板书。

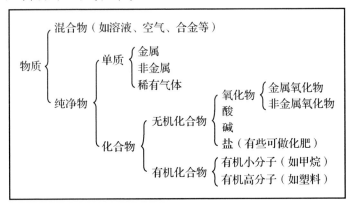

图 8-5　物质分类的板书

这幅树状概念图有利于学生"攀枝摘果"，能帮助学生把握物质分类概念的层级关系，增强解决相关实际问题的能力。

• 中学地理：进行"农业区位"教学时，教师用概括归纳式板书来帮助学生厘清"农业区位"的知识脉络(如图 8-6 所示)。

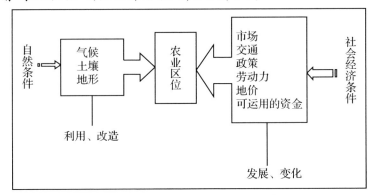

图 8-6　"农业区位"的知识脉络板书

(三)图形示意法

教材是知识信息有意义、有规律的排列组合，往往抽象而深刻，学生难以理解，中小学教师就有责任帮助他们"解读"教材和课文。一个简单的方法就是用板书"图形示意"，即用符号、线条、图形，配以简要的文字示意教材内容，变抽象为具体、变深奥为浅显。这种方法，基于教师对教材认真的钻研、高度的概括、独到的表达，反映教师的个性特长、技艺技能及审美情趣。

【运用案例】

• 中学数学：在公式推导过程中，一个公式可以演变成众多不同的形式，图形示意法就是教师的得力助手，它使得一切变得清晰而又条理。

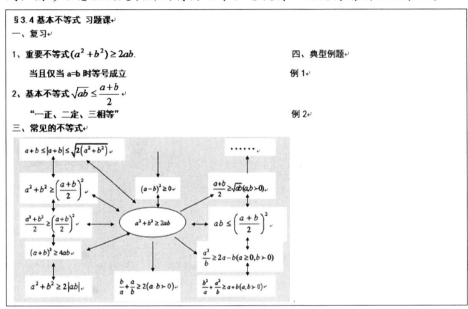

图 8-7 基本不等式习题课的板书

• 中学英语：在给学生总结时态的时候，一些教师用坐标轴的形式给学生们表示出各时态表示的先后顺序，会更直观明了，现举其中两例（如图 8-8 所示）。

图 8-8 过去进行时及过去完成时的板书

• 中学物理：进行初中物理"浮力产生的原因"教学时，要通过受力分析图（如图 8-9 所示）展示浮力产生的原因为上下表面的压力差。

• 中学化学：进行"燃烧与灭火"教学时，教师设计了如下思维导图式的板书（如图 8-10 所示），妙不可言！根

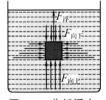

图 8-9 分析浮力产生原因的板书

据汉字"火"的结构，巧妙地把燃烧的 3 个条件天衣无缝地组合成"火"字。在讲到"灭火原理"时，又巧妙地在"火"上面加上一横成为"灭"字，很好地诠释了燃烧与灭火的关系。引导学生总结实验原理、归纳知识要点。这个独具匠心、提纲挈领的板书，方便学生学习，启迪学生智慧，体现了化学之美。

图 8-10　燃烧与灭火的板书

(四)板画赋形法

板书就宏观来分，有板书与板画。"板书"以文字为主，有时配以线条符号；"板画"以图画为主，一般不配文字。板画，又称简笔画、黑板画，是教师在课堂上以简练的线条，在较短的时间内高度概括勾勒出各种景物、事物、人物等形象的一种绘画。以板画(简笔画)为板书的方法，由于形象直观，也称"赋形法"或"描状法"。赋形法是中小学教师，特别是低年级教师常用的形象化的艺术教学方法，渗透了教师的艺术情趣。由于板画生动有趣，可以促进学生集中注意力，激发学习兴趣，增强记忆效果，从而提高教学质量。

【运用案例】

· 中学数学：面对数学应用题中众多的变量和数据的时候，用简笔画来表达题意可以帮助学生理解题目并使得条件一目了然(如图 8-11 所示)。

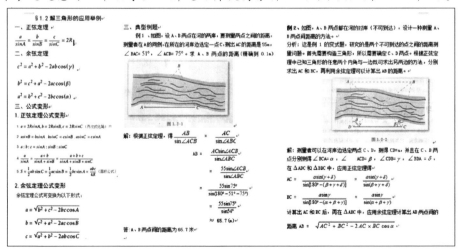

图 8-11　数学应用题的板书

• 中学英语：在教授学生在英语听力中做笔记的技巧，其中很大一部分就是用板画（如图 8-12 所示）来表示的。

> ■＞：表示"多于"概念，bigger/larger/greater/
> more than/better than
> 表示"高"概念，superior to，surpass
> ■＜：表示"少于"概念，less/smaller，fewer
> 表示"低"概念，inferior to
> ■＝：表示"同等"概念，means，that is to say，
> in other words,the same as，be equal to
> 表示"对手"概念，a match，rival，
> competitor，counterpart

图 8-12　教授英语听力笔记技巧的板画式板书

(五)表格解释法

表格是常见的教学板书形式，它几乎可以服务于任何教材章节的教学，还适用于一组文章和知识信息的比较。表格不仅适用于传统的文字式板书，而且适用于电化教学演示。许多青年教师都喜欢使用多媒体进行教学，表格式板书是一个较好的选择，它最大的特点是信息量大、条理清楚、简约明了，有整齐、对称、均匀、清晰、简洁之美。

【运用案例】

• 中学数学：类比是高中数学的重要思想方法，而在层层递进的类比当中，用表格（如图 8-13 所示）呈现类比者之间的关系式再合适不过了。

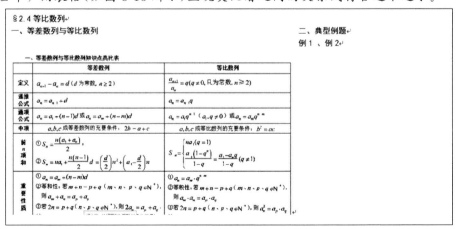

图 8-13　等差数列和等比数列类比的表格式板书

• 中学英语：在虚拟语气的讲授中采用表格解释法（如表 8-1 所示）可以有效帮助学生对比着记忆。

表 8-1 讲授虚拟语气的表格式板书

虚拟语气在 if 非真实条件句中		
	虚拟条件从句（if）	主句
与现在事实相反的假设	主语＋did/were	主语＋should/would/could/might＋do
与过去事实相反的假设	主语＋had done	主语＋should/would/could/might＋have done
与将来事实相反的假设	主语＋1. did 2. should do 3. were to to	主语＋should/would/could/might＋do

• 中学化学：进行"一氧化碳"教学时，由于学生刚学习了二氧化碳的性质，如果用表格板书，在回顾、复习了二氧化碳的性质后（如表 8-2 所示），再对比学习一氧化碳的性质，将事半功倍。

表 8-2 比较 CO_2 和 CO 性质的表格式板书

		二氧化碳	一氧化碳
物理性质	色、味、态	无色无味的气体	
	密度	比空气大	
	溶解性	可溶于水	
化学性质	可燃性		
	还原性		
	与水反应	$H_2O+CO_2=H_2CO_3$	
	与澄清石灰水反应	$Ca(OH)_2+CO_2=CaCO_3\downarrow+H_2O$	
	毒性	无毒	
	用途	化学肥料、灭火等	

(六)比较对照法

比较是人们认识事物、分析事物的思维过程，是抽象思维的一种思维形式。准确地讲，比较就是运用对比的手法确定事物异同关系的思维过程的方法。如果把这一对比方法运用到教学板书上，就叫比较式板书。比较能起到深化、强化的作用，可以收到"不言而喻"的艺术效果。比较有许多方法，从性质上分，有求同法、求异法、纵比法、横比法、定性法、定量法、综合法、专题法；从内容上分有知识比较、中心比较、人物比较、结构比较、语言比较、情节比较、文体比较、作者比较、背景比较、手法比较、风格比较、情境比较，等等，用在总结、复习、单元教学上，效果更好。

【运用案例】

•中学数学：在学习中，很多时候遇到相似而不相同的知识方法，对照法和图示法的配合能够使得教学效果出人意料。

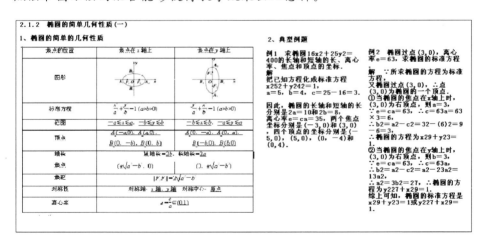

图 8-14 椭圆的简单几何性质的板书

•中学英语：在给学生释疑 ago 与 before 的区别时，有教师就给出了两个例句对比：He went to Beijing three days ago.

He told us he had been to Beijing three days before.

(七)排列组合法

排列组合法是对教材中不同课文或内容的分类排列、综合叠加，从信息论上看，这叫"信息的交合"。具体地说，教材中不同信息的组合会产生不同的感知效果。接近的、相似的、闭合的、连续的、对比的、形态完善的组合较易形成整体知觉。板书设计应力求在时间上、空间上、逻辑上组成一个有意义的、有规律的系统；方法上，有时序组合、地域组合、事理组合、对比组合、相似组合、接近组合，等等。

【运用案例】

• 中学数学：学习"三角形"时，教师可利用排列组合法，导出三角形的定义、常用对数与关系及典型例题的解法(如图 8-15 所示)。

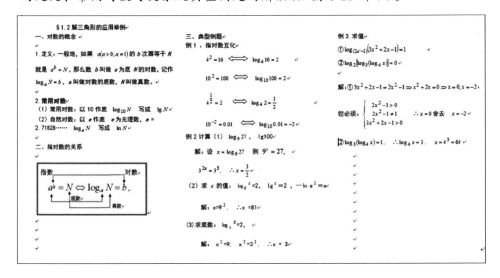

图 8-15　解三角形应用案例的板书

(八)夸张变形法

为了突出重点、难点，增强学习的趣味性和板书的表现力，教师可以运用变形、夸张的方法设计板书，以加深学生对教材内容的印象。这种方法用"漫画"的手法、儿童的思维，进行大胆的设计创意，有强烈的艺术感染力和审美价值，深受学生喜欢。

以上这些方法类型虽多，但无一不是从教学内容的逻辑结构入手，抓住教学内容的重点、难点和特点。设计板书时，一定要考虑教学内容的逻辑结构，从整体上设计板书，使板书的变化有理有序。弄清教学内容的前后逻辑关系，无论多么复杂的板书，都能做到逻辑严密、层次分明、关系清楚，同时也能辅助教师的课堂教学，有助于学生对教学内容的掌握和理解。而教学内容的重点、难点和特点往往是板书的主要内容，因此，抓住了教学内容的重点和难点，板书的主要内容也就大致确定了。分析教学内容的重点、难点和特点并以此作为板书内容的主要来源能使板书短小精悍，高度概括，充分展示教学内容的关键点。

然而，教师在教学过程中需要不断创新，这种创新并不一定体现为相同教学内容的教学过程中使用不同的板书，而是指教授每一教学内容时能结合使用多种板书的表现形式，做到既传递教学内容又不失新意。

任何优秀板书的产生，都是教师对教材研究的结果。由于教材内容烦琐复杂，教师不可能，也没有必要把教材照搬于黑板上。如果这样做，不但不能主次分明、重点突出，还会浪费宝贵的上课时间。因此，中小学教师必须对教材进行研究，在吃透教材的基础上概括、抽象，才有板书可言。通常说来，备课研究教材要经历三个阶段：初读教材，了解概括；精读各部分，把握要点；复读教材，总结归纳。做到明要求（目的性原则），顾全局（系统性、整体性原则），抓重点（重点性原则）。

经过对教材的阅读、分析、概括、归纳、提炼、研究，接下来就可以考虑用什么板书形式来表现内容了。如上文所提及的，板书的形式多种多样，只要是适合表达内容，有利于教学的形式，无论选择哪种板式都是有价值的。而随着对教材认识的深入，教师对自己原来设计的板书会感觉不合适，决定修改。修改板书是对教学和学生的负责，修改板书有大改和小改之分。大改主要是指调整结构、更换形式、订正内容等，小改主要是指对语言文字进行润色、锤炼。

综上所述，板书设计是一项艰难的系统工程，需要设计者依据一定的条件，遵循一定的原则，掌握一定的技能，懂得一定的方法，按照一定的步骤，才能完成。

第九章　总结的技能

【故事情境】

我们需要什么样的课堂小结①

一年级数学《小统计》课，巩固练习之后，教师问：“学了这节课，你从中学到了什么？”

学生：“贴动物。”“贴水果。”“贴的本领。”“贴纸功。”（真是乱七八糟，急死人了。）

因为没有人回答到教师的点子上，所以教师还在让学生回答。

学生：“大象的生日。”（太离谱了，继续。）“学到了许多知识。”（总算有点眉目了。）

教师：“那么，学到了什么知识呀？”

学生：“学会了贴的知识。”（哎，怎么又回来了，罢了，教师指着黑板上的板书。）

教师：“看这里，是什么知识呀？”

学生：“学会了排一排。”（这才对呀！）“学会了分一分。”“学会了数一数。”（太顺了！）

---

① 李同胜.课堂教学技能训练教程[M].济南：山东人民出版社，2012：187.

教师："这些都是什么知识呢？"

沉默。（还是自己来吧，要不又冒出什么稀奇古怪的答案来了。）

教师："这些都是统计的知识，我们一起读一读……"

【我的思考】

结合故事情境，你认为总结技能作为教师教学技能的一个组成部分，它的含义究竟是什么？总结技能在教学中发挥着怎样的作用？在教学过程中，有哪些好的方法可以帮助教师有效地进行总结，如果你是这位教师，你会怎么做？

第一节　总结技能的概述

俗话说："编筐编篓在收口。"课堂总结是课堂教学结构中十分重要的环节。一堂课仅有"凤头"而缺少"豹尾"是不够的，不能算是一堂好课，一堂完整的课，末尾的总结会直接影响整堂课的教学效果。因此，教师对课堂总结进行精心设计，可以巩固学生的知识，激发学生的兴趣，加深学生的理解，达到"课结束，去犹存；言已尽，意无穷"的境界。

一、总结技能的内涵与意义

(一)总结技能的内涵

教师的总结技能是指在一个教学内容或一节课的教学任务结束时，教师有计划、有目的、有步骤地通过归纳总结、重复强调等方式使学生对所学内容进行

> 你是如何理解教师的总结技能的？

及时的巩固、概括、提炼与运用，帮助学生把新知识、新技能融合进原有的认知结构中，并为以后的教学做好过渡的一系列教学行为。教师的总结技能有时候也被称为教师的结课技能。结课是对某阶段课程的最后收尾工作。恰到好处的结课艺术：或归纳总结、强调重点，或留下悬念、引人遐想，或含蓄深远、回味无穷，或新旧联系、铺路搭桥。

(二)总结的意义

第一，起梳理总结作用。教师在教授新课时，通常是围绕着一定的概念或者知识点展开，并对重难点知识进行详细的讲解。但是由于学生作为初学者，对知识内部的系统性和逻辑性感知不明显，也很难依靠他们自己的能力对整个知识体系进行总结和归纳。因此，这就需要教师发挥作用，在结课时，对新授的教学内容进行简明扼要的梳理和总结，帮助学生建立新旧知识之间的联系，完善学生头脑中的知识结构，使之在头脑中建构起知识的整个框架体系。

第二，起巩固强化作用。教学的目的在于使学生获得知识、增强技能。根据艾宾浩斯遗忘曲线，学生对新学的知识内容在最初的时间内遗忘得比较快，及时的巩固和复习将有助于学生增强持久的保持对新知识的记忆与理解。心理学研究也表明，"对新学知识的及时复习巩固要比课后 6 小时再复习的效果好"。因此，每个教师都应该重视在结课环节，对所教内容进行最后的巩固和强化。

第三，起承上启下作用。结课常常只是一个教学内容或者一堂课的结束，而非整个课程的结束。而且，每一个教学内容的衔接，每一个知识点之间存在着前后关联的关系。因此，一节课的结束同时也就意味着另一节课的开始。那么此时，结课就不是把所有所教的内容进行简单的概括和总结，而应该采取更加巧妙的方式使其与后续课程联系起来，有时候还可以和前面所学的知识点联系起来，起到承上启下的作用。在结课时可以设置悬念，引发学生的好奇心，激发他们的探求欲望，使他们对下次课充满期待，同时也可以为下次课做好铺垫，使学生的学习更加具有连贯性。

第四，起培养学生能力的作用。总结不单单是知识的归纳，更重要的是通过知识的掌握，引导学生形成总结的思维过程和解决问题的思路，使他们理解学科思维的方式和特点，锻炼学生的思维能力和自学能力。在总结时，通过对问题的思考与回答，使学生逐步学会运用科学的方法分析、概括问题，能够认识问题的本质，并且对于现实生活中的新问题也能够进行比较科学的分析。总结的过程也是培养学生创造性思维能力和自学能力的过程。

第五，起及时反馈作用。在总结的过程中，通过提问题让学生分析、回答来自学生及课堂的反馈信息，可以及时了解学生对教学内容的理解和掌握程度，发现教学中存在的问题并积极采取措施进行调节补救，做出及时的反馈，取得更加理想的教学效果。

> 总结技能在课堂教学中有哪些特殊的地位和意义？

二、总结的原则和特点

(一)总结的原则

教师做课堂总结无疑对学生的学习有着非常重要的作用。教师在进行总结时还要注意一些教学上的原则，以保证课堂总结的质量与效果。主要有以下五个方面。

1. 目的性原则

教师的教学活动始终都指向一定的教学目标，教师的所有行为都是为这个目标服务的。结课作为教师教学的最后环节，也应该是有目的性的。无论教师的目的是帮助学生巩固知识、系统地组织建构，还是承上启下、开阔视野、激发兴趣，教师在备课时，都要注意潜心钻研教材教法，从教学目标出发，把握教学内容的实质和结构，有的放矢地设计出既符合现行教学理念，又能体现教材本身特点的课堂小结。课堂总结必须具有一定的目的性，教师既不能草率地对课堂进行总结，也不能使总结游离于教学目标的要求之外，而应该使课堂总结有目的、有落点，这样才能够发挥总结的应有作用，也有利于下一步的教学。

2. 启发性原则

启发性原则是指教师的结课要有助于引发学生进一步的思考。教学的关键之处在于启发学生去思考，去探索解决问题的方法，而不是一味地灌输知识，简单地将知识呈现在学生面前。结课作为教学的最后环节并不意味着完满结束，而应该给学生留有一定的空间和余地去思考。教师所要做的就是给学生营造这样一个独立思考的空间，使学生的思维处于活跃状态，不断地产生新的想法。

3. 简洁性原则

课堂教学的时间是有限的，总结所用的时间就更加珍贵，尤其在教学内容较多的情况下，留给总结的时间就更少。此外在课堂结束时，学生的身心一般会处于疲劳状态，特别渴望得到休息，教师烦琐拖沓地给学生做总结反而不会取得非常好的效果。因此，教师在进行总结时应该尽量使用简洁的语言，简明扼要但又精确地概括所教授的内容，抓住教学内容的重难点，做到重点突出、调理清晰、层次分明，便于学生回忆和整理。

4. 适时性原则

恰到好处的总结是每个教师努力追求的目标。但是，这种自然流畅、水到渠成式的结课，需要教师对课堂教学时间的严格把握和丰富的教学经验积累才能做得到。教师在教学设计之初会设计好一节课的内容所需要的大致时间，但是，课堂上往往会发生一些意想不到的突发事件而打破教师原有的计划，这也为教学时间的长短带来了很大的不确定性。因此，教师在教学时应能够根据课堂的实际情况灵活地调整授课的内容和形式，为最后的结课做好铺垫，使结课尽量表现得自然、顺畅。

5. 多样性原则

教师在设计结课时应尽量做到方式多种多样，而不是千篇一律、一成不变。教师针对不同的科目和不同的教学内容，可以选择不同的结课方式。这需要教师多研究学生的心理，了解学生的学习需要和兴趣爱好。尽量选择大多数学生能够接受的，具有趣味性的，能够让学生在快乐中学习的方式来结束课堂内容。结课的多样性原则就在于满足不同科目和不同学生的学习兴趣的需要，同样地也是为了满足不同类型的教师的教学需要。事实证明，一成不变的结课形式容易给学生带来疲劳感，不利于激发学生的学习热情或使他们保持较高的学习兴趣。

(二)课堂总结的特点

第一，具有引导性。课堂总结不可以由教师包办，教师要立足于引导，让学生参与，展现出获取知识的思维过程，以充分体现教师主导和学生主体作用的有机结合。在总结的过程中，教师要引导学生根据已有的知识基础，对新知识进行抽象概括，由感性认识上升到理性认识的高度，进一步强化其知识的建构、思维的锻炼和自学能力的发展。

第二，具有针对性。课堂总结必须针对教学内容和学生的特点，根据实际情况，具体问题具体对待，因文因人而异，要有鲜明的针对性。对于学生难以记忆、理解和掌握的内容，以及一些容易出错的地方要着重地阐述和讲解，抓住每一堂课的主要矛盾，如一些教学的重点、难点和关键点，通过总结进一步揭示这些矛盾的本质；对于一些规律性的学习内容，教师也要进行总结，这样就能够使学生从一个整体的角度对问题形成一个系统的认识，掌握科学的学习方法，巩固所学的知识，提高综合运用知识的能力。

第三，具有规律性。教师在课堂上的总结绝不是课程内容的简单重复与知识内容的机械堆砌和累加，而是总结出某种带有规律性的结论，使学生对所学的知识上升到一个理论高度，从一个更高的视角整体掌握所学内容。

> 你认为课堂总结还有哪些原则与特点？这些特点与原则之间又有怎样的关系？

三、总结要注意的问题

教师在进行课堂总结时应注意以下四方面的问题。

(一)避免对课堂总结认识的片面性

按照新课程目标的要求，课堂总结的内容应该围绕教学目标进行，包括知识与技能，过程与方法，情感、态度和价值观三个方面。教师要明确课堂总结的基本内容，它不仅仅包括对知识技能的总结，还包括对其他两个方面的总结，要引导学生分析回顾学习的过程，挖掘提炼思考的方法与策略，升华情感、态度和价值观。

1. 知识与技能

知识与技能总结的核心是知识。技能的系统化、综合化，将学习结果纳入一定的结构之中，教师必须站在知识系统的高度，以整体性观念为指导，通过对照比较、梳理知识、寻找联系等，进行学习结果的再构造。这里不能就事论事，将所学知识进行简单的复述。应当从知识背景出发，找准一节课的内容在整个知识体系中的位置及关联性，进行纵横不同维度的延伸和渗透，使学生在头脑中构建一个完整有序的网络化知识体系，提高其认知结构的简约化、合理化水平。

2. 过程与方法

过程与方法总结的实质是深入挖掘、概括蕴含在知识之中的智力价值。教师在教学中应对教材中的知识进行深入的挖掘和探析，把潜在的隐含在知识、技能生成过程中的智力价值内化为学生个体思维的方式和行为的方式，使学生掌握思考问题与解决问题的含有规律性的方式、方法，提升学生整体的认识能力与解决问题的能力。

3. 情感、态度和价值观

情感、态度和价值观的总结的实质是把蕴含在知识技能中的科学精神、科学价值和人文精神激发出来，传递给学生并升华为学生自己的科学精神、科学品质和人文情怀，进而转化为学生的科学素养和人文素养，使学生真正成为全面发展的人。

总之，知识与技能总结的重点是明确结论，过程与方法总结的重点是挖掘知识、技能形成过程中蕴含的思维方法和思考策略，情感、态度和价值观的总结则主要是对学生体验与感悟的强化与升华，是教师对学生情感、态度和价值观的激发与激励。教师对总结的基本内容要形成全面的认识，不可千篇一律地单单局限于其中的一个方面；但是在实际教学过程中，也要根据教学内容的特点，灵活地选择总结内容的侧重点，是偏重知识技能，还是过程与方法，或者是情感、态度和价值观，做到具体情况具体分析。

(二)明确课堂总结的主体

课堂总结的主体既包括教师，也包括学生。在当前发挥学生主体性的时代背景下，不能只有教师作为课堂总结的主体，学生也应该成为课堂总结的主人。教师要转变观念，指导学生自己学会对所学知识与技能的总结概括，对过程与方法的抽象、挖掘，对情感、态度和价值观的体验和感悟，提高学习结果的类化水平。这就需要教师教给他们总结概括的思想方法，使他们善于从不同角度审视和思考所学的知识与实际经验的内在联系，善于从思考过程中提炼出一般的思维规律，善于从各个方面考虑同一知识的不同运用。

当然，教师与学生所发挥的作用是不同的。除了引导学生自己进行总结、回顾和反思以外，教师的引领和指导、启发和激励作用也是不可忽视的。

(三)总结时要注意反馈，及时了解学生掌握的程度

教学的最终目的是"学"而不是"教"，教师要始终明确学生是认识的主体。在教学过程中，教师要尊重学生主体的反应，在总结时要注意反馈。比如，在提问时，教师所提的问题难度要适当，要面对大多数的学生。当提出问题后要给学生足够的时间去思考，根据学生的互动情况做出相应的反馈或调整。而且，当学生做出回答后，教师要认真进行评估，要多给予学生鼓励。

(四)明确课堂总结发生的时机

很多教师认为只要在课堂将近结束时进行课堂总结就可以，其实不然。根据教学内容体系的编排以及教学的需要，可以将其分为课时教学的总结、单元教学的总结、模块教学的总结以及整册书学习后的总结

> 你认为教师在进行总结时还应注意哪些问题？

这四种类型。具体到每一节课，也就是课时教学的总结，课堂总结可以发生在教学过程中的任何时间点，可以是课堂结束时，也可以是某一个小的知识点讲解结束时，还可以是教学过程中对方法、思路的总结，等等，而且总结所用的时间根据实际情况可长可短。教师要改变固着的观念，根据教学过程中的实际情况以及学生对教学内容的反应及理解掌握程度，灵活

应变，选择合适的时机自然地进入总结，使总结成为一种水到渠成的教学行为，而不是硬加上去的，不是与教学过程分离的或僵硬地执行教学设计的安排。

第二节　总结技能的方法与运用案例

课堂总结作为课堂教学的重要内容，发挥着重要的作用，但是在实际教学中，我们发现，一些教师的总结语言过于程式化，总是老一套："今天我们学习了什么知识？有什么收获？有没有什么问题？"等，不足以引发学生的注意与思考。除此之外，总结的结构模式过于呆板，长期以来，一些教师习惯了"复习—导入—新授—巩固（总结）"的固定模式，总结也无非是做做练习、布置作业等，形式单调，无疑会影响教学效果。因此，作为一种技能的应用，教师要真正做到"有课有结、结课有法"，就需要掌握一定的方法。下面介绍一些常用的总结的方法。

一、归纳概括式

为了使学生对课堂所学习的内容形成一个整体而深刻的印象，教师在一节课结束时运用语言或者板书等形式，对所讲授的知识按照其结构和主线进行简明扼要的概括和归纳总结，及时指明并强化教学的重点、难点，明确问题的关键，并对基本的概念和原理进行最后的简单说明，使学生加深对新知识的印象和理解，初步建构起完善的知识结构体系。这种方法可以是教师单独进行，也可以是学生在教师的帮助与指导下由学生来完成，还可以由学生独立完成。教师在进行归纳时最好采用板书的形式，并辅之以简单的讲解，前面所讲的提纲式、线索式、表格式以及图解式等板书方法都很适用。

【运用案例】

• 中学语文：完成《双桅船》教学后，为了对本课进行归纳概括式总结，教师声情并茂地将本课内容进行小结：每一首精致的诗歌都像一只精美的花篮，我们远远望去，她就以最简单的姿态静立在那里；当我们慢慢地走近她，我们和她融汇在一起，我们也成了诗中的一部分；每一个个体，都有自己独特的生活体验；于是，在与诗歌相逢时，就会碰擦出不同的火花；我们的思绪会和诗人一起绽放！

• 中学化学：完成"金属的化学性质"教学后，教师可以用言简意赅的语言把本节课的内容进行概括："本节课我们学习了金属的化学性质，即金属与氧气的反应，金属与稀盐酸、稀硫酸的反应，金属与其他金属化合物溶液的反应，知道了金属与这类物质反应的剧烈程度是不同的，体现在金属活动顺序中。"该方式可以搭建本课的知识平台，提纲挈领，构建网络。除此之外，还可以梳理归类本课的典型考题。

• 中学生物：完成《细胞的癌变》教学后，教师可以结合板书或者课件对本节课的内容进行概括，可以从癌细胞的三个特征、癌变的内因和外因（致癌因子）进行归纳概括，紧扣学习的核心内容，以纲要的方式帮助学生建立一节课的知识框架。

二、问题悬疑式

问题悬疑式是在一节课将近结束时，教师向学生提出有一定难度的新问题供学生自行探讨、引起学生的注意和兴趣的一种总结方式。这种欲擒故纵、设置悬疑的总结方式，也是针对中小学生对新事物充满了强烈的好奇心和求知欲的心理特点而进行的。此外，教师可以结合教学内容制造一个或几个与以后的学习内容相关的疑问或带有启发性的问题，设置悬念，给学生创设认知冲突，让学生带着问题离开课堂。一方面为下次课做准备，另一方面也激发了学生进一步获取知识的欲望，架起新旧知识的桥梁，建立新旧知识的联系，锻炼学生独立思考和解决问题的能力。

叶圣陶先生说："结尾是文章完了的地方，但结尾最忌讳的却是真个完了。"让学生带着问题上课，又让学生带着新问题下课，正是学生进步与发展的见证。

【运用案例】

• 小学数学：完成《三角形内角和》教学后，教师可以这样引导学生。

教师：今天我们学习了这么多方法证明了三角形的内角和是180度，那么能否用上这些方法对四边形、五边形甚至六边形的内角和进行研究呢？他们的内角和又是多少呢？（下课铃声响）

学生：啊，还没来得及研究呢……

教师：同学们既然这么感兴趣，那就在课后好好研究一下吧。下次上课时大家可以把研究成果告诉我哦！

• 中学生物：完成《细胞中的无机物》教学后，教师通过各种例子引导学生分析了细胞中无机物的作用。在下课前，教师可以设置以下问题：如何证明某一种或几种无机盐是植物生长发育所需要的？这个问题的提出是对学生实验设计的考查，也是对无机盐影响生命活动的知识点掌握情况的考查。问题的抛出，可以引起学生的一番讨论，但课时限制了问题的进一步讨论，作为一个未解问题，可激发学生课后讨论的兴趣。

• 中学历史：完成《鸦片战争》教学后，会涉及清政府开始被列强控制，中外反动势力公开勾结，共同镇压中国人民的反抗等问题，教师在此基础上向学生提出：中外反动势力是如何勾结的？中国人民又有哪些反抗？又是如何遭到镇压的？这些问题的解决则正是下一课《太平天国运动》的主要内容。由问题引发学生的思考，一方面激发学生预习的兴趣，另一方面也从侧面说明了两个内容的内在联系，促使新旧知识的衔接。

三、启发联想式

这种结课方式是教师在结课环节，鼓励学生积极地思考，拓展思路，探索解决问题的新办法。学生的想象力和解决问题的能力都是在日常教学的过程中不断地培养发展而来的，教师在结课时可以启发学生展开大胆想象，对课堂问题进行举一反三式的探索，找到自己的视角和解决问题的思路。教师需要给学生一个宽松的心理环境，鼓励奇思妙想，也要能够接受个性、另类观点的出现。

【运用案例】

• 中学语文：学习了古文断句的方法后，教师可以用名词标志、对话标志、修辞标志、虚词标志、句式标志完成对应的5道练习题：

1. 秦孝公据崤函之固/拥雍州之地/君臣固守以窥周室/有席卷天下/包举宇内/囊括四海之意/并吞八荒之心/当是时也/商君佐之/内立法度/务耕织/修守战之具/外连横而斗诸侯。

2. 沛公曰/孰与君少长/良曰/长于臣/沛公曰/君为我呼入/吾得兄事之。

3. 秦王坐章台见相如/相如奉璧奏秦王/秦王大喜/传以示美人及左右/左右皆呼万岁。

4. 于是余有叹焉/古人之观于天地山川草木虫鱼鸟兽/往往有得/以其求思之深而无不在也/夫夷以近/则游者众/险以远/则至者少/而世之奇伟瑰怪非常之观/常在于险远/而人之所罕至焉/故非有志者不能至也。

5. 呜呼/其真无马邪/其真不知马也。

通过环环相扣的方法与例证，启发学生联想，拓宽学生的思路。

• 中学地理：学习完"种植业"后，提出：秦岭—淮河一线南北有哪些地理差异？这一发散性问题，让学生自己总结本节学习内容，有助于学生运用所学的知识，从温度、降水、种植业等各个不同的方向去寻找答案，从而激活学生的创新思维。

四、前后呼应式

前后呼应式结课是指教师在导课环节向学生提出一些提纲挈领的问题，整堂课就紧紧围绕着这些问题展开，而在课堂小结时对这些问题进行全方位的完满的解决。前后呼应的结课方式有助于保持整堂课的完整性与完成性，同时也有利于学生对问题的理解，对新知识的回忆与巩固。教师在课堂开始时设置的问题要尽可能地充满趣味性，便于集中学生的注意力，引起学生的兴趣。学生在好奇心和求知欲的驱使下，会更加全神贯注地听讲，并积极思考这些问题，跟着教师的步伐逐渐加强对问题的认识与理解，从而探索出问题的答案，产生强烈的成就感与满足感。例如，一位教师在教授新课《群英会蒋干中计》时，可以设计以下问题：什么是群英会？蒋干中计中的是什么计？是谁的计？为什么会中计？中计后的结果又是怎样的？这样学生带着疑问饶有兴趣地看完课文，一堂课的结尾时，疑问得以解决，学生对课文的理解也就更为全面、容易。

【运用案例】

• 中学语文：进行《山中与裴秀才迪书》教学时，教师开头提出："让我们一起看看王维是如何邀请朋友的。"教学结束时，教师采用"仿此文，邀请你的朋友来你的校园与你同游吧"的总结，让学生带着问题学习，在学习过程中解决问题。

• 中学英语：进行"Module 5 Unit 2 The United Kingdom"阅读教学时，教师一开始便摆出英国国旗（The Union Jack），并抛出问题：Which country is left out from the Union Jack? Why? 在问题的引导下，学生通过阅读解决这个问题。最后通过通篇阅读，分析了四个地区分分合合的发展史，课堂的最后又回应了"Which country is left out from the Union Jack? Why?"这个问题。

• 中学物理：进行"声波"教学时，教师可利用影星汤姆·克鲁斯在科幻电影中凭借着手中的声波武器所向披靡的故事，问学生："现在，一种真正的声音武器已经成功问世，它能够发射出大约 145 分贝的声波子弹，直接射向目标。请问当声波子弹飞的时候，我们应该如何防御？潜入水里躲起来，可以吗？"学生听完课后认为："不可以，因为水可以传播声音，会击穿人体。""普通的盾牌，可以吗？""不可以，原因是固体可以传播声音，会穿透盾牌，击穿人体。"教师再问："那什么不能传播声音呢？"学生运用声波原理分析认为："真空不能传播声音。如果在盾牌上加上真空夹层即可。"通过先后对应的问题，引导学生思考解决问题时所要运用的物理概念是什么，从而加深对概念的理解与应用。

• 中学生物：在进行《生态系统的能量流动》之前，教师通过情景模拟引入教学：假设你像小说中的鲁宾孙那样，流落在一个荒岛上，那里除了有能饮用的水外，几乎没有任何食物。倘若你随身尚存的食物只有一只母鸡和 15 千克玉米。你认为以下哪种生存策略能让你维持更长时间来等待救援。第一，先吃鸡，再吃玉米；第二，先吃玉米，同时用一部分玉米喂鸡，吃鸡产下的蛋，最后吃鸡。通过情景模拟，学生选择合适的策略并尝试阐述理由，但在一开始教师并不给出正确的答案。在讲授完能量逐级递减的特点后，回应上述问题，问题迎刃而解，这也实现了课堂的前后呼应。

•中学历史：进行《战后资本主义的新变化》教学总结时，教师整合课程内容，围绕一条主线"修补资本主义"展开教学，以"修补"提纲挈领，为什么"修补"，怎么"修补"，"修补"的结果。学生带着疑问展开学习，到课程结束时，学生内心也有了明确的认知，对整节课的内容理解也就更容易了。

五、比较分析式

在某一教学内容或一堂课结束时，教师通过语言或者板书等形式将所讲授的新知识与学生原有的已掌握的知识进行比较分析，找出它们各自的本质特征或不同点、它们的内在联系或相同点，以便使学生既巩固了原有的知识，又能够更准确、更深刻地理解新知识。

【运用案例】

•中学化学：在"碳酸钠、碳酸氢钠、碳酸钙"的教学中，这部分是生活中常见化合物知识的最后部分，是继金属、酸和碱之后，学生将要认识的一类重要化合物——盐。从学习方法上，对于一类物质的学习，学生既要从组成和结构上认识这类物质的特点，又要认识这类物质的性质，所以仍然是对化学物质学习主线"结构—性质—用途"的有益补充。在学习物质性质时，可以通过学生已有的经验找到一个熟悉的物质作为参照物，其他相对陌生的物质与之进行对比学习。通过认识、比较这几种常见碳酸盐的组成，从而归纳出相似的化学性质，并且提升为对碳酸盐这类物质的性质的认识，这是本节课的重点和难点。在碳酸钠、碳酸氢钠、碳酸钙中，学生最熟悉的是碳酸钙，因为曾经在二氧化碳与氢氧化钙的反应产物中发现过它的身影，在实验室制备二氧化碳的反应物中也曾了解过它。因此，碳酸钙可以成为学生学习碳酸盐的参照物。学生对碳酸钠、碳酸氢钠相对陌生，通过与碳酸钙比较，认识它们组成的相似性和不同点，通过化学实验的设计与实施，认识它们的物理性质、化学性质的相似性和不同点。因此在总结时运用表格进行比较分析(如表 9-1 所示)，这样的设计可以很好地突破教学难点。

表 9-1　三种常见碳酸盐的总结

名称	碳酸钠	碳酸氢钠	碳酸钙
化学式	Na_2CO_3	$NaHCO_3$	$CaCO_3$
俗称	纯碱、苏打	小苏打	石灰石、大理石
物理性质	白色粉末，易溶于水	白色粉末，易溶于水	白色粉末，不溶于水
主要用途	1.重要化工原料 2.食用碱、洗涤碱	1.发酵粉的主要成分 2.治疗胃酸过多的药剂	1.建筑材料 2.补钙剂
化学性质	溶液呈碱性，与酸反应	与酸反应（CO_3^{2-}的性质）	与酸反应

• 中学生物：在学习完《生态系统的物质循环》时，教师通常通过列表的方式对比物质循环和能量流动的有关知识来进行小结。具体如表所示。通过对比总结，不仅巩固了本节所学的内容，而且加强了知识间的联系，同时也对易混淆知识点进行了辨析。

表 9-2　能力流动和物质循环的比较

	能量流动		物质循环	
形式	以有机物为载体		化合物中的元素	
范围	生态系统各营养级		全球	
特点	单向流动	逐级递减	循环性	全球性
原因	营养关系不可逆转；散失热能无法再利用	自身呼吸消耗；部分能量流向分解者	元素不会消失	只有在生物圈才能正常循环
联系	物质是能量的载体，能量是物质循环的动力；能量流动的过程离不开物质的合成与分解；实现生态系统的各种组成成为紧密联系的统一整体			

六、思维导图式

思维导图对应的英文是 Mind Mapping 和 Mind Map，前者表示构图过程，后者表示构图结果。思维导图最初是 20 世纪 60 年代英国心理学家东尼·博赞(Tony Buzan)发明的一种笔记方法，是为促进思维激发和思维整理的一种可视化、非线性思维工具。根据知识可视化的两大核心目的，即"知识创造"和"知识传递"，将思维导图分为"创造型思维导图"和"知识传递型思维导图"，前者主要用于个人激发和整理思维，后者主要用于和别人分享。

思维导图可以用节点、分支、颜色、图标、代码等来描述。

思维导图具有以下四个基本特征：一是注意的焦点清晰地集中在中央图形上；二是主题的主干作为分支从中央图形向四周放射；三是分支有一个关键的图形或者写在产生联想的线条上面的关键词构成，不重要的话题也以分支形式表现出来，附在较高层次的分支上；四是各分支形成一个连接的节点结构。

几乎所有的学科都可以运用思维导图，而且在教学过程中，思维导图呈现的时机并没有一定的原则，需要根据具体的教学设计方案和实时的教学情境选择不同的使用方式。但总体来说，思维导图在教学中可以用于以下方面：作为先行组织者呈现，即在课程开始时将整体图呈现给学生，让学生有一个完整的心理预期；作为教学进程引导工具，即在教学过程中逐步展开，引导学生的思维和注意力；作为讨论交流的工具，支持协同知识建构的进行；作为汇报的工具；作为反思的工具；作为评价的工具；作为创作的工具；作为复习总结的工具；作为新旧知识联系的工具，回顾之前学习的内容；作为对知识的深层次加工的工具等。

具体到总结环节，教师在进行总结时，尤其是在一堂课、一个大的知识点、一个主题单元，甚至一个学期的课程结束时，可以引导学生进行思维导图的绘制，培养他们创造力和对知识的理解力。思维导图的绘制可以是学生个人进行，可以是小组合作，也可以在教师的带领下全班一起进行制作，它既可以基于纸笔进行绘制，也可以借助一些软件进行。由于纸笔绘制时修改、保持、传播都很不方便，条件允许的话，建议还是使用工具软件来制作。Inspiration、MindMapper、MindManager 都是非常优秀的软件，都很适合中小学教师使用。相对而言，Inspiration 使用起来最简单，还可以制作概念图；MindMapper 的线条比较美观，对于初学者来说还是不错的；MindManager 的专业化程度最高，但入门难度稍大，适合对功能要求比较高的人使用。

【运用案例】

• 中学语文：进行时事新闻写作的时候，教师可以采用思维导图的方式进行小结(如图 9-1 所示)。这样会比较直观地展现写作的过程，便于学生掌握。

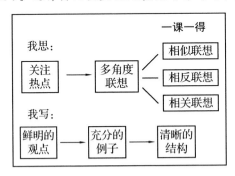

图 9-1　时事新闻写作的思维导图

• 中学物理：在《运动和力》学习结束后，引导学生绘制思维导图，总结本章学习围绕"运动和力"学习了哪些内容，包括"测量""运动""力"以及"运动和力的关系"。通过思维导图的绘制和展示，引导学生从整体去把握物理概念和规律。

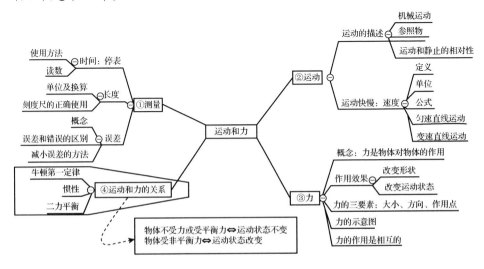

图 9-2　运动和力的思维导图

•中学化学：在完成"金属的化学性
质"教学时，教师可以投影出右边的思维
导图（如图 9-3 所示），归纳金属的化学性
质和本课的学习方法。通过总结式思维导
图，可以用直观形象的形式，以点和线把
零散的知识进行系统整合，使之条理化、
网络化，形成知识体系，达到"连点成线，
以线带面"的目的，有利于学习者对概念
的理解和记忆。

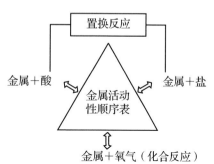

图 9-3　金属化学性质的思维导图

•中学地理：进行"光照"学习时，教师可以利用"自转光照"思维导图
（如图 9-4 所示），帮助学生厘清其涉及的子概念和与其相关的知识之间的
关系及表现形式，帮助学生了解该知识的思维模型。

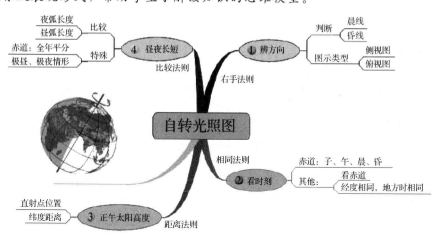

图 9-4　软件绘制的自转光照图的思维导图

七、游戏活动式

天真活泼、好动好玩可谓是儿童和青少年学生的天性，运用游戏或者
一些活动进行总结符合他们的年龄和心理特征，能够激发他们的学习兴趣。
教师可以根据教学内容组织全班或小组活动，如知识竞赛、操作比赛、小
组讨论或者游戏等，寓学习于娱乐之中。教师要注意活动或游戏与教学内
容的联系，不能为了活动而活动，否则就失去了意义，要真真正正促使学

生在活动的过程中进一步轻松地掌握教学内容，加深对知识的理解与运用。

这样游戏的方式作为课堂结束，寓教于乐，学生情绪热烈，注意力高度集中，可以收到较好的教学效果。乌申斯基说："没有丝毫醒悟的强制学习，将会扼杀学生探求真理的欲望。"采用儿童喜闻乐见的游戏方式结束课堂教学，可以提高学生学习的兴趣，进一步巩固所学的知识。游戏结束更适合低年级的学生，在游戏中达到教学的目的，使教学效果最大化，让学生快乐地学习。

【运用案例】

•小学数学：在教授"能被 2 和 5 整除的数的特征"这一内容时，设计一个游戏活动来总结课堂内容。

教师：请学号能被这个数整除的同学离开教室。（教师举起写有"2"的卡片）

一些学生站了起来。教师让他们在黑板的指定位置写下他们的学号，然后离开了教室。

教师：再请学号能被这个数整除的同学离开教室。（教师举起写有"5"的卡片）。

剩下的学生面面相觑。之后，又有一些同学站了起来。教师让他们在黑板的指定位置写下他们的学号，然后离开了教室。

教师：我这里还有一张卡片，上面也有一个数字，剩下每一位同学的学号都能被它整除，这个数字是？

学生（齐声回答）：1。

教师：好，你们也可以离开教室了，下课！

•中学语文：七年级下册《最后一课》教学时，教师邀请一位具有表演天分的学生表演韩麦尔最后的一个动作：写完"法兰西万岁"后向同学们挥了挥手，说声"下课"，然后头就靠在了黑板上。这个学生表演得很认真，台下的学生也自觉地代入角色来配合他，最后还不约而同地报以热烈的掌声……游戏将学生们带入了愉悦的学习高潮，缓解了课堂教学过程中的紧张情绪。

•中学英语：在教授完直接引语和间接引语之后，教师组织学生们玩"传话机"的游戏，每组一个学生给对手组一句直接引语的句子，而对手组必须用间接引语"传话"到最后一个同学那里。例如，Student A：I went to … yesterday. Student B：A said he had been to … the day before. 通过趣味性的游戏，将课堂教学带到了高潮，又巩固了该节课的知识。

•中学地理：完成"北方和南方地区"教学后，教师设计"是真是假"竞猜活动来进行本节学习的总结：小明说他爬过一座很奇特的山，这座山的北坡到处生长着苹果树，呈现了一幅暖温带的景象；南坡却长着大量的柑橘树，呈现了一幅亚热带的景象。你认为小明说的是真的吗？如果是，请说出是哪一座山？并解释原因。通过竞猜活动，教师引导学生自己总结本节知识，从而加深了学生对"北方和南方地区"自然差异的理解。

八、练习式

通过提问或小测验等手段，使学生用口头或书面表达的形式对所学内容进行练习，当堂检测，当堂发现问题，当堂解决，当堂巩固。这种方法也是现在教师比较常用的一种方式。此外，在课堂结束时，教师会给学生布置一些作业，再通过课下的练习巩固并强化所学知识，避免遗忘。但是在教育减负的大背景下，教师要酌情适量地给学生布置作业，既要达到巩固练习的效果，又不能增加学生的课业负担。

【运用案例】

•中学物理：进行"声音传播"学习时，教师播放《星际大战》的片段。教师让学生观看影片，并问：影片这个片段是宇宙中的一场爆炸，宇宙中没有空气。请问这个片段有什么科学性错误？通过练习，巩固学生对"声音传播"知识的理解与掌握。

•中学生物：在《通过神经系统的调节》复习教学中，复习完"兴奋在神经纤维上的传导"这一知识点后，教师通过设置以下练习，达成总结和训练的目的：请利用图 9-5 所示的装置，证明神经纤维上兴奋传导的双向性。通过上面的练习，不仅可以强化本节课有关于兴奋在神经纤维上

图 9-5　兴奋在神经纤维上的传导

的特点，也训练了学生实验设计的能力。它既是对学生复习效果的检测，也实现了实验技能的训练。

九、拓展延伸式

杜甫说："篇终接混芒。"结束应该给人一种"意犹未尽""言已尽而意无穷"的感觉。一方面，总结时不仅要总结归纳所学的知识，而且应该与其他学科、生活现象等联系起来，把知识向其他方向延伸，拓宽学生的知识面，引起更浓厚的研究兴趣，或者把前后知识联系起来，使学生的知识系统化、完整化；另一方面，一堂课的总结结束应该为下一节课甚至下几节课的教学"架桥铺路"，使学生形成对知识的预见，形成一个更加完整的体系。例如，在学习了"年、月、日"的知识后，教师这样总结："同学们，你们知道为什么通常每 4 年里有 3 个平年，1 个闰年吗？这个闰年是怎样确定出来的呢？请同学们课后查阅资料或者翻阅一些课外读物，了解更多的知识，相信大家一定能够找到正确的答案。"这样的课堂结束语，从课堂内容延伸到课外阅读，使课内和课外有机地结合起来，促进学生运用已有的知识去获得新的知识，对他们的学习具有很大的促进作用。

【运用案例】

• 中学语文：进行《那树》教学时，用珠江的图片结尾，并呼吁大家"留住绿色，留住地球，留住未来，让环保的主题和身边的生活联系起来"。通过图片和教师的呼吁，将《那树》的学习与生活中的环境保护相联系，拓宽了《那树》的学习内容。

• 中学英语：完成"Module 5 Unit 2 The United Kingdom"的阅读教学之后，教师给学生抛出一个话题：What aspects do the four countries in the United Kingdom differ? How? 引导学生通过课后查找资料来做进一步的探索。

• 中学物理：学习完"浮沉"后，教师要求学生回家做实验。练习一：回家把一个鸡蛋放在一杯水中，可以看到鸡蛋是下沉到杯底的。请你想办法使鸡蛋可以浮起来，试一试！练习二：查阅资料了解《曹冲称象》的故事，想想曹冲是怎样称出大象的重量的。练习三：自己动手完成本节课介绍的浮沉子实验，观察一下瓶子里面水的变化。通过拓展性练习，将书本上所学到的知识与生活实际相联系，解决生活中的物理问题，让学生体会物理在生活中无处不在！

•中学地理：在完成"水资源"教学后，教师设计一个"水资源保护方案或作品"活动，让学生运用所学的知识和生活中的体验，去解决生活中的地理问题。在学生上交的方案或作品中，有的学生发明了"家庭水循环再利用装置""家庭污水处理器""水中垃圾清除鱼"，有的学生设计了"节约用水漫画""水污染监测方案"……通过拓展延伸式总结，学生从个人、家庭、学校、社会等各个不同的层面去发现问题、思考问题、寻找解决问题的方法，从而激活学生的创新思维。

十、激励奋进式

教师在结课时以充满激情且以意味深长的话语寄厚望于学生，这样可以打动学生的心扉，留下难忘的印象，激励学生奋进。例如，某教师在教授《大自然的语言》时就采用了这种方式。他说："我国卓越的科学家竺可桢，临终的前一天，还坚持用颤抖的手写下当天的天气情况，并注上'局报'两个字。多么可贵的科学热情，多么可贵的严谨作风啊！我们同学正处在青春时期，风华正茂，有志于此者，真是大有作为的大好时期啊！"这样的结课，使学生热血沸腾，为之动情，立志为祖国奉献自己的青春。

十一、风趣幽默式

美国的乔治•可汗说："当你说再见时，要使他们脸上带着笑容。"这种风趣幽默的结课方式能收到这样的效果。例如，1930年，鲁迅在上海中华艺术大学做《绘画杂论》的演讲，指出当时的市侩主义者喜欢月份牌上"病态的女性"是种畸形的审美观，并痛彻剖析这类画的内容卑劣。结束时他说："今天我带来一幅中国五千年文化的结晶，请大家欣赏欣赏。"说时一手伸进长袍，把一卷纸徐徐从衣襟上方伸出，打开看时，原来是一幅病态十足的女人的月份牌，引得大家捧腹大笑、掌声雷鸣。鲁迅便在这种笑声中和掌声中结束了他的演讲。这种总结课不拘一格，使学生回味无穷。

十二、顺口溜、快板或者歌曲总结式

一堂生动有趣的课就要结束了，把这一堂课的主要内容以小品、快板、歌曲或者顺口溜的形式展示给学生，形式新颖，容易激发学生的学习兴趣与热情，学生一定会兴趣盎然，记忆深刻。

【运用案例】

• 中学语文：进行文学作品的人物形象鉴赏时，教师可以采用鉴赏文学作品形象的"三步走"，即"听其言、观其行，概特点、悟意图，准确全面不能忘"的顺口溜方式进行小结，帮助学生总结与记忆所学内容，将做题的步骤变成顺口溜，最能浓缩一堂课的精华，也便于记忆。

总之，总结的方法多种多样，不胜枚举，以上只是常见的一些总结的方法。教学是一门科学，又是一门艺术，教学有法，但无定法。我们应根据不同的课堂教学类型，根据不同的教学内容和要求，考虑到教学对象的知识结构、年龄特征、智力水平和心理特点，紧扣教材，抓住重难点，随机应变，灵活地选择课堂总结的方式方法，精心设计课堂总结环节，激发学生的热情与兴趣，帮助他们更好地记忆和理解教学内容，让课堂总结更有实效，让学生尽享"课已尽而意未穷"的艺术。

后　记

　　在长期的课堂教学观摩中，我们发现：有部分教师的导入是开门见山的，不知道如何遵循学生的认知规律选择适合学生的导入；有部分教师的提问是只向学生问"对"或"错"，提问的问题没有梯度，设问不能激发学生的思考；有部分教师的授课语言，不能体现语言的魅力，让学生听了想打瞌睡；有部分教师没有运用现代教育教学的理论与方法，在讲授时不懂关注知识的系统性，没有突出知识的重点性、学科思想的启发性或话语的艺术性，从而影响了课堂教学的效果；有部分教师不知道在教学过程中应如何科学地演示才能符合学生的思维特点，也不知如何培养学生的观察能力和操作技能；有部分教师在如何通过指导学生来促进学生的认知发展方面感到迷茫；有部分教师对课堂的调控方法、功能与作用不清晰，影响了其对学生学习情况的及时掌握；有部分教师的课堂教学板书不能起到"建构知识体系""强化记忆理解迁移"的作用，使学生不能通过板书清晰地知道自己到底学了哪些内容；有部分教师课堂教学总结不能起到"梳理总结""承上启下"的功效。基于对以上问题的思考，我们希望通过《精益求精：教学技能的提升》一书，能够帮助教师们解决专业成长过程中遇到的问题。

　　本书集结了一些大学教师和一线教师的共同智慧。全书由本人主编和统稿；第一章和第二章的概述与方法，由华南师范大学教育科学学院课程与教学论专业的研究生谭欢撰写；第三章和第四章的概述与方法，由华南师范大学教育科学学院课程与教学论专业的研究生李红红撰写；第五章和第六章的概述与方法，由华南师范大学教育科学学院少年儿童组织与思想意识教育专业的研究生陈鲜鲜撰写；第七章、第八章和第九章的概述与方法，由华南师范大学教育科学学院少年儿童组织与思想意识教育专业的研究生吕方方撰写；第一章至第九章"运用案例"中的小学语文部分由广州市培正小学的蔡媛撰写，小学数学由广州市培正小学的潘艺撰写，小学英语部分由广州市培正小学的周梦瑜撰写，中学语文部分由广州市第十六中学的梁秋燕撰写，中学数学部分由广州市第十六中学的郭施敏撰写，中学英语部分由广州市第十六中学的李桂娟撰写，中学物理部分由广州市第十六中学的林胜坚撰写，中学化学部分由广州市第十六中学的胡绮妙撰写，中学生物部分由广州市第十六中学的杨乐撰写，中学历史部分由广州市第十六中学的陶杨撰写，中学地理部分由广州市越秀区教育发展中心的周慧撰写，中学政治部分由广州市第十六中学的谢瀚撰写。

在本书的编写过程中，我得到了我的"教育专家培养对象"导师——华南师范大学教育科学学院曾文捷教授的悉心指导和广州市第十六中学杨霞校长、黄惠婷主任及广州市培正小学张淑华校长、朱婉平副校长的大力支持，在此表示衷心的感谢！同时也感谢参与编写的全体教师对本书撰写的辛勤努力。

由于才疏学浅，本书还存在很多不足，恳请相关专家和同行提出宝贵的意见，希望通过我们的共同努力来推动教师的专业发展，能够为提高课堂教学质量贡献一份绵薄之力。

周慧
2015 年 12 月于广州